我的青春我的梦

全国中学生校园美文精品集萃丛书

池塘自碧，扑面飞来，皆是旧时相识

时光背上的竹蜻蜓

《中学生博览》杂志社 选编

时代文艺出版社

图书在版编目（CIP）数据

时光背上的竹蜻蜓/《中学生博览》杂志社选编. —长春：时代文艺出版社，
2018.8（2023.6重印）

（"我的青春我的梦"全国中学生校园美文精品集萃丛书）

ISBN 978-7-5387-5729-3

Ⅰ.①时… Ⅱ.①中… Ⅲ.①作文－中学－选集 Ⅳ.①H194.5

中国版本图书馆CIP数据核字（2018）第004369号

出 品 人　陈　琛
产品总监　郭力家
责任编辑　焦　瑛
装帧设计　李　斌
排版制作　隋淑凤

时光背上的竹蜻蜓

《中学生博览》杂志社　选编

出版发行／时代文艺出版社
地址／长春市福祉大路5788号　龙腾国际大厦A座15层　邮编／130118
总编办／0431-81629751　发行部／0431-81629758
官方微博／weibo.com／tlapress
印刷／北京一鑫印务有限责任公司
开本／700mm×980mm　1／16　字数／153千字　印张／11
版次／2018年8月第1版　印次／2023年6月第9次印刷　定价／34.80元

图书如有印装错误　请寄回印厂调换

编 委 会

目 录

时光封锁，伤成琥珀

003

时光背上的竹蜻蜓

　　我们，就这样被时光跌跌撞撞地分散了。

　　听过《我们终究会牵手旅行》，也知道地球是圆的，相逢的人会再相逢，就这样耐心投入生活的怀抱中尝尝失落与快乐，感受悲伤与感动，我们什么也不说，什么也不等。

　　最后，让时光背上的竹蜻蜓飞回记忆的轨道，飞过当初的信念，飞向看得最远的地方，给最初的你我捎来最后一封信笺。

时光背上的竹蜻蜓

西瓜子

时光漫漫，悠长得仿佛一个画在梦中的童话，醒在隔夜的阳光里。

我记得去年某个凌晨在家里尽情地畅聊心中的梦想，用劣质的圆珠笔去誊写炙热的希望，躺在床上有时能听见两声钟整点敲出的清脆声响。

让眼睛发烫的不是白炽灯，而是有些蔫巴微皱还未装进信封的信纸。曾经为了寄信跑邮政局绕了几大圈，之后每天揣着手机望穿秋水地等待。期待就像挣扎着想要逃脱的野兽，在每一次天明时分嘶吼咆哮，又在夜深人静时向着清冷的月光表露忧伤。

每个人心中都注定要经历一场单枪匹马的战争。无关青春，无关怨恨，只为某种倏忽而至的梦想。

好长一段日子我都不再翻开那有些泛黄的笔记，那里有中学时代铁证如山的幼稚气息，不可否认我再也回不去了。

人有时候还是挺琢磨不定的，比如我会花一个下午的时间把家里收拾干净，以整洁之名把刺痛我的过去装在纸箱里，甚至还煽情地认为值得缅怀的事物如醇酒，会历久弥新让时光沉醉。

跷着二郎腿威胁老妹帮我买来的杂志，还没来得及仔细赏阅就被八卦的小妹夺去。接着听见她们兴高采烈地喊着那杂志上印着我的名字。

看着印在纸上那些有关青春的大段文字，隐隐觉得有些酸涩和不舍，毕竟我们再也不能那么"轻狂"地聊起那些日子。

老黑上传了一张相片，照片背景漂白过，干净得不留城市的一点儿阴影。她给自己留言：还是熟悉的样子，只是缄默了许多。好险，深圳孤身求学的生活没把她的骄傲碾碎，我还看得见她眉眼中的倔强。

炒冰高三后索性把空间清空，谁也别想留下痕迹。我不知道在她的孤独星辰里，是否还听得见当初倚靠在走廊上的夜风，我多希望它能时常温柔地坐在她身旁，因为只有这个时候，她的坚强才懂得松绑。

后来我逼着自己在饿得发慌的时候去电脑前敲字，在最不堪的时候把眼泪逼回胸腔。

从来不敢任意流浪，从来不敢眷念牵挂。一如既往，一边写字一边歌唱。

我们，就这样被时光跌跌撞撞地分散了。

后来，后来……

听过《我们终究会牵手旅行》，也知道地球是圆的，相逢的人会再相逢，就这样耐心投入生活的怀抱中尝尝失落与快乐，感受悲伤与感动，我们什么也不说，什么也不等。

最后，让时光背上的竹蜻蜓飞回记忆的轨道，飞过当初的信念，飞向看得最远的地方，给最初的你我捎来最后一封信笺。

夕阳
依偎你肩上
就像
宽阔的远方
我不曾是你的梦想
如今
却依旧眺望

委　屈

墮小流

那是2007年的第三场雪，必然比第二场来得稍晚一些。

那时，八年级的我还没有脖子上这个硬硬的喉结，也没有鼻子上这副闪闪发光的眼镜。单纯得像刚出生还没睁开眼的小猫。

第一节课，温文尔雅的古董级语文老师一字一顿地给我们上了一堂催眠大课。下课铃响起时，全班同学顿时如多米诺骨牌般一个接一个地卧倒。

我心中燃烧着渴望知识的小宇宙，硬打起精神来看黑板上的板书。怎奈只依稀看见一列列的字陀螺样旋转。不行！我得出去走走，精神一下。

天上的云压得很低，空气干冷干冷的。一只寒鸦"嘎嘎嘎"地从光秃秃的树枝上飞起。我不知道，这是悲剧的征兆。

听到铃声再次响起，我带着一身钢针样耸立的坚硬的鸡皮疙瘩推开了教室的门。猛然闻到一股呛鼻的火药味。只见全班同学都坐得直挺挺的。他们瞥了我一眼，就把一束束充满畏惧的目光投向了讲台。

我小心地顺着大家的目光看去，哇！是人高马大、跺跺脚全班也要抖上三抖、号称"金毛狮王"的历史老师！更可怕的是，此时她的两只狮眼已经恶狠狠地瞪起来了。

我随即便发现了"狮王"发怒的原因。黑板上赫然残留着上节课的语文板书——"狮王"最讨厌的事儿！糟了！我急中生智，冒着生命危险走上讲台，拿起板擦。

"我不用你擦，你放下，回去。""狮王"低声说，竟然语气格外温柔。

我木木地点点头，放下板擦，回到自己的座位上。前桌"大哥大"回头小声问我："你咋不擦黑板呢？"我以为他听到老师对我说的话了，可事实上，他没有。我随口一句："今天不是我值日啊。"

这时，"狮王"怒吼："你们可以不尊敬我，我也用不着你们尊敬！从今天开始，谁愿意给你们上课，你们就去找谁吧！"说毕，扬长而去。

前桌"大哥大"狠狠地瞪了我一眼，大有杀之而后快之意。

第三节课是班主任老师的课。她曾经教过我老妈，所以我对她格外尊敬。

"怎么回事儿啊？"班主任皱着眉问。

前桌"大哥大"立刻站起来，像英雄一样，疾恶如仇地指着我："老师，他不擦黑板，他说今天不是他值日。"

班主任拉下脸，不高兴了："班级是大家的，擦黑板只是一件举手之劳的小事，我们有些同学的责任心实在太差了……"

解释是苍白无力的！我默默地低下头，泪水一滴滴砸在我的桌子上，打出一个又一个水花。

若生活，在别处

冯　瑜

　　我知道"广东、沿海、三线城市、市区"这些字眼组合在一起的化学反应不足以让地球毁灭，但足够让我纠结万分。用我高三班主任的话来说就是："这鬼地方，城市不城市，农村不农村！"

　　事实也的确如此。在这个被称为"市区"的地方，水泥还没形成森林，有公园有绿化，却难以寻找田野的清风和树林的幽静。终究又是一个落后的三线城市，交通也好，基础设施也罢，都无法和大城市媲美。

　　由于上述缘故，我身上或多或少有着农家孩子的乡土气息：没有见过世界的广阔和繁华，淳朴之中又夹杂文雅。却怎么也比不上农村孩子那般早熟、沉静与能干。不及大城市娃娃那般热衷享乐和小资，却在不知不觉中喜欢上咖啡、旅行和摄影，成了渴望发声的寂寞愤青，文艺不起来而当了"伪文艺"，在没有资本"小资"之前就沾染了"小资"的习气。不管怎么看，终究觉得自己长歪了。

　　因此，不由得产生了这样的幻想，若在其他条件不变的情况下，我出生成长的地方，不是如今生活的沿海小城，会变成怎样呢？

　　如果生在老家的山村里呢？

　　在田野之间，与田鼠为伍，伴游鱼嬉戏，烧柴采莲，春耕秋收，不亦乐乎？正如回乡所见的亲属们那样，过着沈从文笔下静逸美满的农家生活。男孩儿或女孩儿，在大自然中成长，没有让人眼花缭乱的玩具，却多了城市子女无法领略的乐趣。这样长大的孩子，应该会像余华笔下的少年们一般可爱吧？或者，多少带着苏童笔下少年们的恶习？

可若那样又正如爸爸拿我开玩笑那般："小时候在老家门口和你一起玩儿的小女孩儿们，现在都当母亲了。"是啊，就算没有生娃娃，也在嫁人或者当母亲的路上了，哪里会像我这样，开学上课，放假读书，更别提旅行和摄影了。

我大概也是一个缺乏想象力的人，我不知道若是生于像广州那样的大城市的话，会变成什么样。是否会如现在这样，在大学的空闲时间里，去展览会场、泡咖啡厅、逛创意园？或许正如喜欢旅游的我，会像现在这样，在一座适合旅游的城市里悠闲生活，却从未去过许多人慕名而来的旅游景点，甚至弄不清楚去那儿应该搭公交还是乘渡轮。

也许我更应该构想的是，我应该生活在怎样的家庭而不是出生于农村或者大城市。可我不知道在怎样的家庭我才会感到快乐。我的父母到底应该给予我多少东西？或许他们应该有很多很多的钞票，给我买更多的书，让我去看更远的风景？但现在也没有什么不好，拿自己的稿费买书和旅行，让我真切地感觉到独立带来的存在感——这些都是我凭着自己的努力而得来的。

话说回来，更接近我的生活的，应该是我居住的小区，那是青春小说里经常见到的单位居民楼。不同的是，陪我长大的不是青梅竹马两小无猜的男孩儿，而是一个年龄相仿的邻家姑娘……

住在这样的小区里也不错，在一个"房祖宗"都亮相了的时代，连管理费都不用交还能有几十平方米的屋子住。父母不做生意也不是高官，工资不高时间不紧，喝茶聊天看新闻，平平淡淡一辈子，其实也蛮好，而且我的成长他们都参与了。

我不是吃不着葡萄说葡萄酸，我只是真的不知道如果我生活于别处，是否会和今天的我无异。我生长的城市，我出生的家庭，都不能让我满意，正如我对自己也不满意一样，但是不管怎样，我住过的地方、看过的风景、走过的时光，堆积在一起之后，才有了现在的我。

007

时光背上的竹蜻蜓

爱情的模样

橘 子

笛安在《告别天堂》里说过："我是听着情歌长大的孩子，我们都是。在我们认识爱情之前，早就有了铺天盖地的情歌给我们描摹了一遍爱情百态。"我想，这是对的呢。

白　狐

她是不三，高三妹子。我是在张先生的贴吧里认识她的。

她叫自己不三。她说她喜欢一个男生，对那个男生很好，只是希望能像朋友一样在他身边。但是那个男生将她的好悉数退回。他对不三说："我们连朋友都不是。"

不三给我发短信时，第一句话就是："橘子，你是不是把每个人都看得很重？"

我给她回复："只要我在乎的都很重要。"就像不三你一样。但后面这句话我没有对她说。

短信铃声刚好是《白狐》，陈瑞把一首《白狐》唱得让人痛彻心扉，让人为她心疼，就像不三一样。

"我是一只修行千年的狐，千年修行千年孤独……能不能让我在你面前再跳一支舞，我是你当年放生的白狐……"

庐 州 月

她是花雨凉，她是我的好友，高三妹子。

她喜欢听许茹芸的《独角戏》，但她的故事更像许嵩的《庐州月》。

她喜欢了R三年，R是她的初恋。尽管他们在一起才三个月。但她不觉得有任何遗憾了，她曾靠在他的肩上喝着奶茶，听他唱歌，笑得很甜很甜。

那段时间，周围的人极爱许嵩的歌，犹记得初中宿舍上铺的女生，她总是唱着，一遍又一遍："庐州月光，梨花雨凉……流不出当年泪光。"

陪你到以后

她是阿紫。我的第一个笔友，高二妹子。她和她的少年在一起了。我知道她很幸福。

他们一起去海边，他为她在沙滩上写了一句话。她的说说里全是他，满满的幸福。她的微笑只为他，她的无理取闹只对他。但我希望啊，她的难过不是因为他。

不知要如何表达，因为我无法感同身受。我想把王心凌的《陪你到以后》送给她和他。

"陪我到以后，就这样一起走……"

橘 夏

她是末末，初三的小女生。在我眼里，她的初恋纯真到了极限。开始的时候，她写信告诉我，很坚定；结束的时候，她写信告诉我，很平静。

我记得她说他们都很内向，于是我在心里描摹着牵个小手就会脸红的小男生和小女生。

十五六岁的懵懂而青涩的初恋是最美好的。

末末说她把陈妍希的《橘夏》送给我，我把它当成了网名，但事实上，我离那种爱情很遥远了吧。

末末，它是属于你的歌。

"橘的夏，橘的夏，橘子的夏天暖暖的……"

听　说

他是云，我素日里叫他"丫"。他初三的时候就辍学了。他现在工作了。听说很累很辛苦。听说他会偶尔想起一个叫橘子的姑娘。听说他决定好好过。听说他也希望橘子好好过。

丫喜欢《一吻天荒》那首歌，似乎男生都喜欢胡歌唱的那首歌。因为那是他们对待爱情的态度，橘子的表弟是那么说的。

但是橘子喜欢奶茶的《听说》，因为过去丫对橘子就像奶茶对于陈升，橘子对于丫就像陈升对奶茶。

嗯，如今的奶茶已为人妻，新郎不是陈升，但她很幸福，相信丫也一定会的！

"听说你还相信爱情……"

取　暖

总有一首歌属于你的爱情，或懵懂或刻骨或一生，都是爱情的模样。而此刻橘子正听着张先生的《取暖》——"在这冰天雪地的人间，我们拥抱着就能取暖，我们依偎着就能生存。"

这首歌送给橘子未来的恋人，一生的爱人。

来自星星的你

潘云贵

十七岁的你，此刻过得好吗？是不是还在被地球上的大人们摧残，被他们教导、要求与无端责备？是不是想坐上一艘宇宙飞船回到自己那个遥远而美好的星球？

十七岁的你，还喜欢啃手指，喝可乐，吃街边的油炸食品，会把校服裤腿改短，穿颜色鲜艳的鞋，上课梳头照镜子，玩儿自拍，发微博，被抓受批后就吐着舌头说大龄未婚的班主任真像灭绝师太……这样的你的世界，注定跟成年人的世界不一样吧？

十七岁时的我，和你们症状一样，时常发呆走神，热爱小清新，喜欢跟大人对着干。每天都想和亲爱的小伙伴们跑到教学楼的天台上吹风，看夕阳带着我们金色的年华一坠一坠地往下掉。我们扶着栏杆，头发在风中凌乱飘散，却始终没有一根被吹离繁芜的日子。我们是一簇簇飞不起来的蒲公英的种子，做着一个个飞翔的梦。

有时手里拿着笔，笔尖停在课本上的经纬、洋流上没有力气再划下去。高摞的书堆前面传来班主任终日激情豪迈的声音。我们在底下分享课外书，为一则笑话憋红了脸，最后还是没忍住笑了出来。身旁的同学，有的在画隔壁女生肥嘟嘟的脸，有的在啃课间买来还没吃完的玉米，有的好像睡了很久，哈喇子流了满桌子……时间分分秒秒流逝，却筑成一堵透明的墙，十七岁的我们都在爬墙，想从空虚无聊的时光里脱身离开，爬到墙顶时却发现墙外的世界依然如此。

喜欢午后清闲的时光，远离教室和课本，趴在青草地上像只发霉的袜子晒会儿太阳。阳光从脚趾照到额头上，时间的脚柔软得就像风一样，途经我们的身体和忧伤的年岁。操场上有高年级的体育生在训练，清爽的短发，修长的四肢，好像是从湘北高中里跑出来的少年。一些情侣走在葱绿的林荫路上，手一会儿牵上，一会儿又分开。远处是附近的民居，灰色的水泥房，比起学校高大的行政楼，看起来很寒酸。十七岁的我们也是贫穷的，没有工资，没有补贴，只有作业、考试成绩和空空的理想。当然可能也会遇见一份懵懂的恋情。

十七岁的你，有喜欢过别人或者正被别人喜欢吗？他一定长得很帅，穿白色的衬衣，刘海儿略长，正好搭在睫毛上，鼻梁高高，面颊像做过削骨手术一样，表情冷漠不爱笑，但笑起来的一瞬间迷倒众生。你看见他的第一眼是不是心就怦怦跳个不停，气都喘不上来，好像自己要死了？

要到他的号码，偷偷给他发匿名的短信，写些偶像剧里的台词，被当成精神病人也不在乎。故意坐到他的左边、右边、前边、后边，只要他的身边有空位置就坐上去，期待他会用胳膊肘碰你，期待他会跟你说"你好"或者"喂"，像颗卫星不辞劳苦环绕着他旋转。有时争取到和他独处的时光，却始终一言不发，喉咙里好像被海绵堵住，假装捡笔帽儿的瞬间又瞄一眼他的脸，心都醉了，不小心从座位上直接摔到地上。十七岁，我们身上总有一股股傻傻的勇气，不断流出，莫名其妙。

十七岁，很希望有个人会送来自己喜欢的礼物，在中秋、国庆、圣诞、元旦、春节、劳动节、儿童节或者光棍节，寄来一包糖果、一张贺卡、一个公仔、一盒CD，或者在你的抽屉里偷偷放进一本画册、一张海报或者一封亲笔写下的信，即便字迹潦草，不写"喜欢""爱你"，你都会异常高兴。你会抱着礼物甜甜睡去，在梦里都会幸福微笑。十七岁的我们并不贪心，只是期待有人关心自己，能关注、理解、喜欢自己。

十七岁时，你一定做过很多梦吧：长成杨幂、刘诗诗的样子，嫁给柯震东、汪东城那样的男生；做一个旅行家，跋山涉水，环游世界；变得很富有，买下一大栋一大栋的房子建成流浪动物收养所；拥有无限的智慧，造出飞向其他星球的飞船，或者坐上哆啦A梦的时光机回到遥远的小时候，留着童花头，穿着小碎花连衣裙，再趁大人不在穿上妈妈的高跟鞋，满世界跑，家门口的芭蕉在风里吹着，向日葵在太阳下摇头，老人们在翠绿的榕树下拿着蒲葵扇扇个不停。

我能想象你描述梦想天堂的样子，手指画着一个一个的远方，抖动的指尖上缀着颗颗星辰。你傻笑起来，表情执着而认真。

十七岁，我们看不清前方的路，但只要未来有光投射而来，哪怕只有一道、一丝，只要是明亮的、温热的，我们都会沿着它奔赴明天，在漆黑的路上放歌、舞蹈，勇敢做着自己的梦。

夜的火车开在生命的原野上，雾中的大地像一头温柔的水牛。我们抬头看天，朝向我们的是一颗颗金色的星。

十七岁，我们说的话、做的事都不被地球上的大人们接受，但我们善良天真无公害。

十七岁，我们都是来自纯净天空的星星，微小但明亮。

十七岁，你一定要相信自己会发出幸福的光。

时光背上的竹蜻蜓

顶楼时光

浅步调

　　每个学校都有一个秘密基地，人迹罕至，异常安静，当然，这跟鬼故事没有关系。我在高一的下学期就发现了我们学校的秘密基地——在我们教学楼六层延伸出去的顶楼。在我高一那年的夏天顶楼一直紧锁的大门被打开了。我像发现新大陆一样，开始经常溜到顶楼，背书学单词；或者什么都不做，就看天上的云；或者唱唱歌，跟树梢一起风中摇摆。我曾看到穿着制服的检修工人从顶楼出来，不知道是不是因为夏季雨水多，所以顶楼开了门方便检查。不过，这与我无关，我只希望顶楼不会再上锁，只属于我，不被别人发现和打扰。

　　可是，顶楼还是出现了不受欢迎的人。下午吃过饭，我去顶楼背地理的时候，一推门就看到一个男生的背影。我很想走过去赶他走，可是想到顶楼本来也不是我的专属，怎么可以那么没有礼貌赶别人走呢。我快快不乐地退出去，再回头看那个男生的背影，瘦瘦的，高高的，留着简单利落的寸发，塞着耳机，在很认真地低头写字，像一幅简单清新的画。风起的时候，男生抬起头，我吓得立马跑掉了，一不小心把关门的声音搞得震天响。不知道为什么，那一刻脸似乎烫了起来。

　　我有好几天没去顶楼。等我收拾好心情再去的时候，居然又遇到了他。那一天，我小心翼翼地开门，做着慢动作看顶楼有没有人在，他却早已听到开门声，回头看着我笑。无限漫长的时光里，无限被拉长的温柔，形容的大概就是那样的相遇。王菲的歌里唱：五月的晴天，闪了电。我们的狭路相逢，在青葱岁月里，终究不能幸免。

我不好意思地揪着发红的耳朵说："我不知道有人在。"然后转身要走。他却快步走上前来，收起自己的书，说："你不用走的。"然后继续道，"之前每年就只有我在这里，我还以为除了我，没人会发现顶楼会在夏天把门打开呢。"最后他自我介绍："我叫李易之，高三三班的。"我点点头，男生的热情平和扫光了我所有的不知所措。我迎着他的方向，恢复了神色，立正微笑道："我叫陈夕，高一三班。"他继续笑着说："嗯，这样才对，那天你着急跑什么呀？"

后来，在没有第三个人发现之前，我们在一个傍晚决定分享顶楼，我二四六来，他一三五日来，理由是他高三，需要更多的时间学习。可是，我滥用了自己比他小的身份，总是在一三五日的任何一段时间，随着自己的喜好随时出现在顶楼。有时候，我会带着不会做的题目上去；有时候，带着我最喜欢的红豆冰上去；更多的时候，我是没有目的习惯性地不知不觉就走到了顶楼。我跟李易之说："肯定是我的胃想吃棒棒糖了。"因为每一次在顶楼遇见李易之，他都能从包里变出一支棒棒糖送给我。

我从来不打扰李易之的学习，我们静静地坐在开阔的顶楼，自己看自己的书，分享着同一片天空。不知道那段时间怎么了，我开始觉得生命像是照进了光，拥有了魔力般可以让我每天都快快乐乐的，连做数学题这么头疼的事情，都能让我开心地享受每一分钟；就连遇到每天出门上学都会出现的凶神恶煞般曾经让我避之唯恐不及的大黄狗，我都开始能饶有兴致地跟它扮鬼脸打招呼。我唯一的奢望就是时光可以静止在那一刻，静止在这美好的青春岁月里。

可是，6月终究还是来了，李易之高考结束了。当他拉着大大的行李箱去上大学时，我也戴上黑框眼镜开始了高二的学习生活。那一天，我偷偷跑到顶楼，一个人坐在顶楼哭了一下午。我想起李易之走的时候，像是抱妹妹一样拥抱了我一下，跟我告别。然后看到我满脸的泪水，说我像是个永远长不大的孩子。于是，我的眼泪更加汹涌。

年少的时候，爱和喜欢都很简单，得到的时候，就简单地开心。失去的时候，就难过得掉眼泪，毫不掩饰自己的悲喜。

冬天来的时候，顶楼的门关了起来。当我发现门打不开的时候，也只是简单无奈地一笑而过。但还是控制不住时不时地来到顶楼，透过窗子，看冬天的积雪怎样覆盖满顶楼夏天的温暖回忆。每一次，都好想感谢那个夏天和那段顶楼时光，因为它给了我专属的甜蜜如棒棒糖般的回忆，也让曾经渺小的我拥有了那么耀眼和华丽的青春。

鹿晗，我的氧气美少年

青 月

他曾是EXO（韩国的一个男子演唱团体）里温暖的存在，暖阳般的哥哥，天使般的童颜下有一颗大哥哥那样豁达宽容的心。

他不会用过多的方式和言语去表达自己，也不懂卖萌讨好歌迷。他只会在微博留言时说"我爱你们"；他只会在官网和歌迷倾诉第一次做前辈嘉宾时的紧张；他只会在机场被推搡到差点儿摔倒，还笑着不顾自己去扶起摔倒的歌迷；他只会循声找人、点头、微笑，用鞠躬回应歌迷。

如果你爱他，一定能懂。

每个人心中都有一个不同的鹿晗，无论是慢歌*Angel*、*Baby Don't Cry*，还是快歌*Mama*、*History*、，他那清亮又不失沉稳的嗓音，一开头就为歌曲里的那些歌词赋予了生动的诠释。

慢歌动情，快歌轻灵。无须华丽的转音，没有陡峭的高音，用灵魂歌唱就能赋予歌曲最直达人心的魅力。

他的舞蹈力度和柔度刚刚好，不多一丝不少一毫。他总轻描淡写，温柔一笑。为此而付出了多少艰辛，只有他自己知道。

他曾经漂泊异国他乡，也曾身处黑暗看不到任何光亮，当他说着"想家的时候只能想"，我看到的是他眼中的坚定和满满的希望。

鹿晗就是鹿晗，不是别人言传、你听说的鹿晗。

他是读书时代人缘极好的一棵校草，是很短时间就能结交到好哥们儿，玩儿疯了的时候把哥们儿踢下床的真性情少年；是出道了很久还会紧张的小朋友，是在接机时被歌迷簇拥后坐回车里会念叨好紧张，一紧张就捂肚子的可爱少年；是在录节目后，一听工作人员说可以带走公仔就两眼放光幸福洋溢的"鹿八岁"；是在迪士尼乐园惊世骇俗地扎着小苹果戴着枚红色口罩，无聊时嘴里碎碎念、转圈圈记舞步的四次元卡通人物。

他和你我一样，不过是同年或大几岁努力追着梦想的小孩儿。

看看他的精神世界，肯定是你没见过的四次元。

我真的好想陪他走好久好远，我可以画一个圈，把自己困在里面。

我想说，你若一直在，我便一直爱。

亲爱的丁小姐

若蓁董

　　刚刚翻到一页纸，上面就一句"临风笑却世间"，想起那是初二那年打算给一个朋友的小说起的名字。那个朋友——丁小姐。

　　丁小姐很喜欢写小说。但开了坑后基本上都没填平过，总是不了了之。记得她第一次填平一个坑，开心得不得了，立刻打电话给我报喜。那是她开的上百个坑里唯一一个被填平的坑。

　　丁小姐，恭喜啊。

　　我记得初一那年，我极力邀请丁小姐一起参加一场手抄报比赛。主要是因为我画画没她好，而且那会儿我们算是很好的朋友。

　　初赛是要写一篇头版头条。那篇文是我写的，大体上写的是我、丁小姐和小西之间的事。她加了个标题，因为我对于取标题这件事儿一直没有很好的把握，连想改个微博名也是心有余而力不足。

　　后来那篇文字在初赛里得了头版头条的一等奖。接着是复赛，然后顺利进入了最后的决赛。决赛我们得了二等奖，回到宾馆后（决赛现场不在我们所在的城市），我们就把剩下的颜料都挤在洗手盆里，很壮观。还在镜子上用水粉写字，写完后就用毛巾擦掉。

　　事情到此为止还是很愉快的。

　　丁小姐，你是否还记得这些事？

那天晚上我们两个人披头散发地走去便利店。夏日的夜晚清风微拂，带走白天的炎热，温度刚刚好。街上很宁静，没有其他人。街灯散发出白色的光芒。与漆黑的夜空和几棵参天大树组成一幅宁静的夏夜画卷。画卷中，一名长发女子与一名短发女子手挽着手笑靥如花。

即使过了一年半，我还是记得那天晚上我们边搓毛巾边唱着跑了调的《难忘今宵》。

后来，因为丁小姐对我有一些误会，我们开始互相疏远。

再后来，一次偶然的机会我们俩把所有的话都摊开了讲，于是误会消除。

那天，丁小姐坐到我对面的位子上，说她打算再开一坑，想起一个霸气点儿的小说名。然后我说："就叫'巨时代'怎样？这名字够霸气的吧？"然后她接了句："你怎么不说叫九层珍虾至尊时代！"

过了一个星期左右，我在网上看到一首无题诗，里面有一句"临风笑却世间"，顿时觉得这名字很配她传给我的小说大纲。想着过几天去学校后跟她说。

可是友情不知道为什么经不起误会，当新的误会出现的时候，我们却真的成了陌路。

丁小姐，时光易逝，年岁渐长，无论怎样都请我们不要忘记曾述说给彼此的梦想，成长为自己所想要成为的样子。

这是我最想写给你的话。

请你好好珍惜现在的生活

水 西

也许现在的你正在埋头苦读解一道思路烦琐的理综题，也许现在的你正和三五闺密漫步校园谈天说地喝奶茶，也许现在的你满心忧愁昨天发的数学试卷又没考好。

可是无论怎样的你，都是我羡慕的你。

你还在高中或者初中，做着天马行空的梦，期待未来遇到一个人，和你展开一场轰轰烈烈的浪漫爱情。希望不久的考试考出好成绩，让老师家长同学刮目相看，祈祷快点儿长大，进入大学，得到自由。

你用为数不多的零用钱去报刊亭买下这本《中学生博览》。那么我只想告诉你一种生活态度——请你好好珍惜现在的生活。

也请你继续往下看，听一听我要说的话。

我上大学一个学期了，唯一的收获是学会了Audition（一个剪辑音乐的软件），期末考试挂了一门经济学，和寝室妹子相处得不错，但谈不上交心。

你看，我的大学生活这样寥寥几语就概括完了，我真心觉得弱爆了。

要不再来听一听别人的大学生活吧。

朋友A是中国地质大学（武汉院）的学生，他的专业是地质勘探，就是地大要么累死要么富死的专业，不仅高中学的化学生物都要继续学，而且还有一些很复杂很难懂的专业课，具体是什么我也说不上来，大一至大三的暑假都要去学校安排的实习，北京的周口店、湖北的秭归、新疆的大沙漠，在烈日炎炎下实地考察，真正接触大自然。大二考过四级，大三六级词汇书不离身，从不逃课，每天必去的地方就是自习室，每年都会拿奖学金。

朋友B在新疆学医，一次QQ聊天跟我抱怨新疆气候干燥而寒冷，好在教室宿舍都有暖气，他说学校后面有一块田，里面有哈密瓜和葡萄，成熟的时候就会去偷摘，他给我发来的照片让我笑得前俯后仰。元旦时候，他们班的人穿着白大褂开晚会，他给我发来照片，教室是普通的教室，桌椅甚至可以拉开，不像我们的阶梯教室，他站在大屏幕前举着话筒深情地唱歌，我回复：朋友，你穿白大褂好帅！

朋友A过的是典型的学霸生活，他对我说他以后准备考雅思出国。朋友B虽然不如朋友A学业霸气，但是生活有滋有味。他们从来没有后悔自己的生活，朋友A没有后悔过自己一心扑在学业上，忽略终身大事什么的，用他的话说，身边的朋友也没女朋友，就这样读着吧。

所以你看啊，上了大学会选择自己的生活，开始慢慢形成属于自己的生活方式，不要相信老师说的什么大学就是天堂的话，只要你每天认真对待，每一天都是在天堂。

下学期我准备学会声会影（一个剪辑视频的软件）和PS（一个编辑图片的软件），好好学好专业课，不挂科就是理想，我不奢望像朋友A能风光地拿奖学金，只希望学业不要成为我的压力。我要去凤凰古城和厦门，那些曾经梦寐以求的地方，我要一一完成曾经的梦想。

我很怀念高中时努力的我，记得有一天去上学，学校居然停电了，教室里是那种熹微的光，我借着微弱的晨光读着英语，教室里没有一个人，读着读着，眼泪就下来了，像蓄谋已久一样，吓坏了一个刚要进教室的同学。当时的我迅速地从抽屉拿出纸巾擦眼泪，吸吸鼻子，抬起头对站在门口的人说，早上好。

好好对待生活吧，不管你是被讨厌的还是被宠爱的，怀着对生活最大的敬意，忙的时候就好好忙，既然是学生就好好尽学生的职责，题要一道一道地做，基础知识要一点儿一点儿地夯实。是，老实告诉你，大学都是一样的！但是能上一本就争取上一本，毕竟211的文凭毕业的时候也是能打倒一片的；只能考二本三本或者专科又怎样，到了大学你有自己的规划，你的人生照样很精彩。

不要怀疑正在努力着的自己，不要否认每一个美好的理想，考差了没关系，停一停，喝杯花茶，听首浪漫的音乐，不是每个人都能轰轰烈烈地过一生，休息够了不如当一个可爱的阿甘吧，Run！Run！Run！

我也是从高三走过的人，当时某补脑广告中常常会登些某省高考状元多努力，写作业到夜里两三点都不累什么的，这种励志对象看过就好了，千万不要铭记于心，否则只会徒增心理压力。该吃饭的时候吃饭，该睡觉的时候睡觉，人生本来就该一日三餐，生活规律。

偷偷地告诉你一个小秘密，日语版的《幻化成风》很小清新哦，心情不好的时候听听吧。

时
光
背
上
的
竹
蜻
蜓

最好的结局

酥　酥

L是我认识了八年的人。八年，我和她的友谊却走到了尽头。

2014年到来的那一刻，我更新了个性签名：现在，这个人已与我无关。很多人问我是谁与我无关，我只是笑，苦笑。可当我看到呓吟——唯一一个知道真相的人——给我留言说"真的无关了吗"的时候，我却对着这句话愣了半天硬是打不出一个字符来。我可以做到吗? 也许……

L，从你忘记对我的承诺和我不再联系的那一天起，我就知道，我们回不到以前了。友谊这东西，我向来是宁缺毋滥的。我不懂得该怎么面对你的不在乎。从你的世界离开，也是我无可奈何的选择。

我怎么也想不到在一年没见到你之后会是在这样的情况下与你相遇：我交不成电费要回家，你找不到你的朋友要回去。在你和我招手的瞬间我才明白，原来，我还做不到面对你心中不起一丝波澜。

回去的路我们有一段是相同的，我也找不到理由拒绝和你一起走。一路上你雀跃依旧。看你谈笑风生，我表面不以为意心里却很不是滋味。你似乎觉察到了什么，小心翼翼地问我见到你为什么不激动。激动? 曾经会的啊! 可那个时候你在做什么呢? 你和你的友人们往来不断，我约你出来你总是推托，甚至电话不接、短信不回、给你写的信也如石沉大海……毕业时留言簿上你郑重写下的"保持联络"成了一纸空谈。L，你要我怎么能像什么事都没发生过一样？

"明年现在，我会在哪儿……"你有些茫然地望向路的尽头，像在问我，也像在问自己。我沉默着，没有开口。你明年参加艺考前要先去外地培训一段时间我是知道的，就像知道你早就忘了我们的约定、忘了我们还是朋友一样。我知道，一直都知道。

也许是感到无趣了吧，你不再挑起话题，陪着我一起安静。而一路的冷场让气氛尴尬到极点——这在我们之间从未有过。终于到了岔路口，我简短地道了声"再见"，之后头也不敢回地走开。是，我不敢。不管是你身影早已消失在路口或是你还站在原地目送，都不是我想看到的。我只能以逃离般的速度将脚步加快，再加快！

L，原谅我只能以这样的方式和你作最后的道别。

那天晚上，我关了灯把自己闷在被子里好久，没有哭，心里空荡荡的说不出的难过。要下定决心放下一切，忘掉和你的点滴看来并没有我想象中的容易。那么，只能是把你当作有着共同回忆的曾经的朋友吧？不，或许连"曾经的朋友"都不能算，当初是你对我说，朋友只要一辈子的，不要曾经。L，你还记得吗？

我不知道我今天是怎么了，脑子里乱糟糟的全是关于你的事情。地理课上，只是无意间往地图上太平洋那一块瞥了一眼，心思就逃到课堂之外。你说过，长大后想去斐济旅行，可脑子愚笨的我总是记不住那座太平洋上的小岛是叫济斐还是斐济。现在，我终于能记住"斐济"这个名字了，你却忘了你曾有过这样的向往。

教室外一声春雷让我收回了不宁的心绪。望着外面渐渐大起来的雨，对自己笑了笑，用手指在蒙上雾气的窗玻璃上慢慢地画下"L"。窗上，透明的水珠凝聚在一起，从"L"上划过，像泪滴。

青春的黑夜挑灯流浪

惟 念

3月的城市已经进入雨季，一整夜耳边都是水声潺潺，好似人在溪边。窗外的梧桐叶被洗刷得锃亮，清脆的鸟鸣穿透早晨的薄雾，枕边读了一半的书还翻在昨日的那页。我就是在这百无聊赖的时刻，收到了挚友从远方发来的短信。

她用了一连串的排比句问我，是否喜欢眼下的生活，跟那个十七岁时因为深陷在一场单恋里无法自拔的自己相比，又有什么进步。

我轻触回复键，想出了很多种答案，可真的要分条罗列的话，又觉得哪一种都不足够准确。

闭上眼睛想一想，我的十七岁简单苍白到乏善可陈。如果有三个词能概括的话，一定是不及格、暗恋和梦想。

文科成绩都很棒，偏偏数学在及格线下徘徊，这似乎是很多女生的通病，而我又是把偏科发挥到极致的人，所以每回为了数学焦头烂额的时候，跑去看校草Y成了我的消遣之一。自知外形不够出众，所以想要另辟蹊径，来赢得他多一点儿的关注，所以我写下一个个或长或短的故事，再投给不同的编辑，我想着的是有一天拿着印有自己名字的杂志去找Y，这样他一定会对我刮目相看，从而博得他的好感。

十七岁的我大概没想过，自己视为珍宝的东西，别人是否需要。

彼时我和挚友租住在校外的一处旧宅子里，每晚台灯都亮到很晚，我们对面坐着，一边写作业一边讨论起Y。万籁俱寂的黑夜，挚友起身打开广播，小喇叭里传出张艾嘉温柔的声音，她一声声重复着："走吧走吧，给自己的心找一个家。"我放下笔望着漆黑一片的窗外发呆，忽然觉得难过至极，忍不住失声痛哭起来，挚友不知如何安慰我，只是关了广播关了灯，拍拍我的肩膀轻轻说道："只有从最痛里蜕变出的美，才足够颠倒众生。"

而时至今日，我亦不清楚，那个情绪失控的晚上，我究竟是为数学绝望，还是为即将到来的毕业失落——因为那样就再也见不到Y了，而我一腔的少女情怀，还未得到寄托。

我希望把故事印上杂志的梦想，和扶不上墙的数学一样，屡战屡败却也越挫越勇。高考的压力让生活变得沉重，身边的同学争分夺秒地在题海遨游，我无数次因为沮丧而把数学试卷揉成一团，从四楼的窗口丢下去，几分钟后又没出息地跑下去捡起来，再在空白的地方写一段又一段没头没脑的话。这种无聊的游戏我不曾厌倦过，因为每下一次楼，都能看Y一眼，而每一眼，都是让我坚持上完晚自习的动力。

过去我是如此笨拙地表达着自己的喜欢，不得章法又毫无收获，因为我已经第N次看到邮件的标题是"稿子稍有欠缺，请继续努力"，还有一些，是石沉大海般的下落不明。眼下回头看看那段难熬的日子，觉得真的要感谢脸皮超厚抗打击能力超强的自己，不然，后续再无精彩故事可说。

黑板上的倒计时从三位数变到两位数，Y身上的外套换成了短袖，桌上写过的试卷已经堆得摇摇欲坠，邮箱里的退稿信也累积到了三十封。无法用只言片语来写出那种茫然和惴惴不安，因为这一路，都像是在黑夜里踽踽而行。没有人告诉你该怎么做，要切换到哪个角度看多少书才能妙笔生花，要咬牙坚持走多久才能看到亮光，要反复做一道题多少遍，才可以举一反三。

Y的生日在5月的末尾，离高考还有半个月的时间，我和挚友几乎逛遍了全城的礼品店，只为挑得一个与众不同的礼物。沙漏太简单，玩

时光背上的竹蜻蜓

偶太幼稚，日记本太俗，最后我们都要放弃的关头，我的名字终于印成了铅字，那是一封写给Y的长信，大段的内心独白后，我写了如下的一段话：

"在我们遇到同类之前，你都要努力奔跑，你会遇到那个能听得懂你话的人，你会遇到倾盆大雨后瑰丽的彩虹，你会为所受的孤独和痛苦流下滚烫的泪水，也会与命运握手言和。请你相信，太阳尚远但必有太阳。"

挚友沉默地看到结尾处，意味深长地说不如就把杂志送给他吧，也算是为青春留下一个记载。我在日历上倒数他的生日，提前用牛皮信封把杂志包起来，封口处画了一颗通红的心。

那个清晨永生难忘，我早早起床跑到公交站台等着，双手握着杂志，喃喃自语地练习将要说的话。之前从未发觉时光流逝得这样慢，我已经被太阳晒得脸颊发烫口干舌燥，还没见到Y的身影。上课铃就快要打响了，我只好闷闷不乐地往回走，长长的影子拖在地上，满是希望落空后无法释怀的郁闷。

《阿甘正传》里说，生活就像一盒巧克力，你永远不知道下一颗是什么味道。

我回到学校千方百计打听到，Y从年初就开始准备去国外留学的事宜了，迟迟没走的原因是签证出了点儿小问题，现在解决了就不来学校了，反正高考对他而言也没什么意义。

一瞬间，我才算真的体会到这句台词的真正含义，整个人被一股难以名状的失落包裹着，眼角干涩喉咙发紧。我的那些肥皂泡般的梦，都接二连三地啪啪破裂，而我竟然一直蒙在鼓里，直到最后一刻才如梦初醒。

硬着头皮参加完高考，也意外地有一个还算不错的成绩，然后离开旧地开始新生活，跟过去划清了界限。我与Y自此没有任何交集，他成了陈年旧事里的一个遥远模糊的点，影影绰绰地不真切起来。但命运让人欢喜的地方，就在于它会奖赏那些不肯轻易放弃的人，我慢慢能写出完整的故事，也被不同的杂志肯定。偶尔会有一两个小姑娘找到我，说我的那些经历里有她们的影子。她们会问我："一路跋涉而来觉得最辛苦的是什么？是什么带给自己信心，熬过那些焦虑、惶恐、害怕和自卑？"

我想是因为青春有一颗不肯媚俗的心，哪怕周身的一切都是未知，都如在黑夜里艰难流浪，可只要再往前走一小步，接下来就会渐入佳境了。

所以我重新按亮屏幕，笑着回复闺密：我十分热爱现在的生活，最大的进步就是做自己喜欢的事，并非为了取悦他人前进或后退。所有的成长都是由内而外的，要静悄悄地拔节，惊艳所有人。

时光背上的竹蜻蜓

第七个女孩儿

嗯，她们都是你。苹果女孩儿、减肥女孩儿、篮球女孩儿又或者是其他女孩儿，她们都是你啊。

也许你也被拒绝过，也许你也曾因为别人爱上了某种运动，也许你也曾不美丽，也许你也在他人身边安心扮演配角，可又怎么样呢？你还是来到了我的身边。

所以，她们的名字都是你，林暮暮。

华尔兹途经的张扬青春

暖 夏

付明雨飞夺我那硕大无比的行李袋时有一种慷慨就义的悲壮感，我望着他那不甚健壮的身板感动得差点儿涕泪横流，结果一抬眼就看见不远处身披新闻网工作服的学长正举着单反相机对着付明雨一阵猛拍。隔天校新闻网就上来一头条，标题是"热烈庆祝2008级新生入学"，顶头的照片就是付明雨一个人提俩包意气风发健步如飞，而我跟在后面耸着肩活像电视剧里贼眉鼠眼的路人甲。

事后付明雨解释，他当时根本就没看见新闻网有人蹲在路口，完全是出自东北男生见不得女孩子做苦力活的使命感，那时候他正在擦玻璃，一边掐着腰一边回头对我一脸正气道："我们东北男生就算自己受累也看不得自家妹子受累！"

付明雨就是传说中的"人家孩子"，因为新闻网一张照片成了校园里的风云人物，深得老师宠爱。差别就在这里：我俩明明同时蹲在红彤彤的榜底找到自己所在班级，互相问好，一起走向新班，一个当上班长，成为军训学生代表，剩下那个叫林晚清的我，不幸成为炊事班班长，一天切二百斤土豆。

刀功颇佳的我，当大家在烈日炎炎下踢正步时，我在切土豆；大家为了一瓶子防晒霜打得不可开交时，我在切土豆；大家拉歌拉得目眦尽裂时，我还在切土豆……结果是，今年寒假回去参加同学聚会，在学校恰巧碰见食堂师傅，他老人家摸着一把胡子看了我半天，突然扯开皱纹一笑："哎哟，这不是豆妹吗？"当时付明雨就站在我身旁，笑得一脚踢在马路牙子上，差点儿一头扎进花丛里。

军训联欢晚会时，付明雨竟然在千呼万唤中上台唱了一首歌，名字叫《你那么爱她》。台下女孩子又喊又叫，我身边那个叫张弯弯的女生竟然都哭了。我拉紧外套，看了一眼张弯弯："有那么感动吗？"张弯弯一边抹眼泪一边激动地说："能不感动吗？付明雨在初中毕业晚会上唱的是《喜羊羊与灰太狼》，这种神转变，搁谁谁不哭啊？"

这个叫张弯弯的颇有来历，她号称是付明雨的青梅竹马，见证了这人走向奇迹的道路。传言付明雨小时候一直是豆芽级的，从幼儿园开始，人高马大的孩子都喜欢欺负他，没事儿就推搡他一把，每次张弯弯都特女王气质地冲出来维护付明雨。直到初中毕业付明雨还是小男孩儿模样，矮矮瘦瘦，说话带着童音。结果就在初中升高中的这个暑假，付明雨就像雨后竹笋一样，蹭地一下子长开了，顷刻变成了骨节分明棱角犀利的青年。

到这里，一定会有人说，如此浓墨重彩的渲染不就是想说林晚清喜欢付明雨，两个人要不就进入恋爱季节要不就被张弯弯横插一脚最终银河相望，有什么好写的。未然，到现在，我、张弯弯和付明雨仍是铁三角，我们谁都没和谁在一起，并不是因为一个打死不说一个装傻子一个宽容大度，而是有些感情，慢慢地就变成了难以割舍的友情，一旦想起心里毛茸茸的，就像风掠过原野，世界单纯。

我和张弯弯好起来是因为她把我掐出一块乌青。那天我们在卫生区值日，张弯弯在我身旁拄着扫帚发呆，突然伸出一只手狠狠掐住我的胳膊。我被她掐得忍不住"哎哟"了一声，她不松反紧。我抬头一看，发现一名男生正骑着山地车一溜烟儿经过。等那家伙消失在人海，张弯弯才松开手，长叹一句："多情应笑我，早生华发。"她惆怅地拍着我的肩膀，"林晚清，恭喜你，看到我暗恋对象了。"然后她大惊小怪地吆喝，"哎哟，林晚清，你的胳膊怎么紫了一块？"我没好气地翻了个白眼："鬼掐的。"原来张弯弯紧张时总喜欢下意识地掐人胳膊，所以以后每每遇到紧急状况，我都会迅速在人群里搜索张弯弯并远离她周身十多米，免得她一紧张扑上来抱着我胳膊猛掐，掐完还特惋惜地看着我说："这谁掐的，贼缺德。"至于张弯弯暗恋的那个男生完全是个路人甲，因为此男在高二的时候去了中国科技大，转年又去美国深造，完全消失在张弯弯这名凡人的眼球里，她顶多就在每晚新闻联播最后那十分钟的国际新闻里看到有美国新闻时长叹一声，顾镜自怜着"取次花丛懒回顾，半缘修道半缘君"。转眼就回头对着付明雨狞笑："听姐的，最次也要找林晚清这样的土鳖，咱不要外国妞儿，更不要'海龟'。"这时候我就从抽屉里翻出第七版牛津词典当砖头使。付明雨就撑着下巴看着我俩笑，眼睛里的光闪啊闪。

我承认我对付明雨有好感，只要神经稍微正常的女生都会对付明雨有好感。大家凭什么不喜欢他呀？有一天我反其道行之，非要掰着手指头数落付明雨哪里不好，最后总结出付明雨真是哪儿都好。你生命中总会出现这么一个人，他活在现实里，有不可避免的缺点，可他为人真诚热爱生活，不会只对你一个人好却对你有那么一点点特别。

他总是好得不留痕迹，好得光明正大。像课桌里突然多出一枝花一盒巧克力什么的从来不会出现，只是有时候付明雨看我盯着他喝可乐，就会问："想喝？"一边顺理成章地从抽屉掏出一听可乐递给我。张弯弯抓住时机在旁边阴阳怪气道："付明雨你等这一刻很久了是吧？"付明雨点点头："是，为了让林晚清关注我，我故意喝得很大声。"我配合地捂脸："不要这样嘛，让本座好生羞涩。"三个人就这么嬉笑怒骂，一点点穿过张扬的青春。

下午第四节活动课，文艺委员把大家拉到操场上，说元旦晚会班里要跳华尔兹，选舞伴云云。站在前头的张弯弯回头，突然大眼圆睁，"咦"了一声。我下意识地后退，撞到一个人肩膀上，回头看见付明雨正揉着自己肩膀，眼神带笑："林晚清，你骨头怎么那么硌人。"张弯弯劈手一指："付明雨，你站到女生队里干什么！"付明雨耍无赖：

"鼓足干劲儿、力争上游，等下文艺委员一声令下，我好抢舞伴啊。"张弯弯一揽我的肩膀："不！晚清是我舞伴，闪边儿去。"我很无情地推开张弯弯："不要，你太矮了，我要和付明雨跳。"体育委员看不下去了："你们都够了，大付和我跳，你俩该干啥干啥去。"在付明雨的调停下，我和付明雨跳，张弯弯和体育委员，皆大欢喜。

其实从当年付明雨唱《你那么爱她》的音调来推断，就知道这家伙音律很有问题，直逼柯南。当我被踩了七脚之后终于决定对付明雨说点儿什么了。"班长，我有话对你说。"我语气温柔。付明雨踩我踩得理直气壮，这时候正背着手练习右足并换步，"嗯？讲……"我斟酌着语气："是这样，闻道有先后，术业有专攻，人无完人，有受拥戴的地方，也自然就有缺憾……"我铺垫了半天，只见付明雨和蔼可亲地看着我，用眼神鼓励我继续讲下去，可是我一鼓作气，再而衰，三而竭，"……所以呢，我觉得我是不太适合跳华尔兹的，毕竟以前我学的是跳大神……"付明雨做出一副很理解我的表情，慈悲为怀："林晚清，这不是你的错，基因这种事儿谁也左右不了的，你要看开。"

因此，课外活动的时候，就变成了我和体育委员坐在体育场旁的长椅上喝健力宝，一边看着张弯弯和付明雨奋力地踩来踩去，全场都慌乱地避闪这一对融合了探戈和跳大神所有特质的华尔兹舞伴。以至于头一次学华尔兹的张弯弯吃饭的时候不明所以地抱怨："以前从来不知道，原来跳华尔兹是体力活……"我控制表情抿着嘴角含蓄一笑，结果乐极生悲，几天后张弯弯把脚脖子崴了，付明雨最后的舞伴还是我。

演出那天晚上，张弯弯帮我拉上紫纱裙的拉锁，一边打理着我的头发，怅然叹气道："为何有种嫁女儿的错觉？……付明雨！这边！"我有点儿害羞地抬头，看见付明雨穿着一身燕尾服，蹬着皮鞋，怪不好意思地挠着头。平时见惯他一身校服的青春模样，现在足足愣了半天，才反应过来眼前这个正式又有点儿生疏的人就是付明雨。张弯弯打量一下，口气夸张："就知道这样，女生越打扮越漂亮，男人一打扮就白瞎。"一边把我的手塞到付明雨手中，"跳一曲我瞅瞅。"

付明雨手心里微微出汗又有些发凉，只记得那时候后台灯光暗淡，周围摆满了杂物，有种储物柜的陈旧气息，台上正在试音，音响轰鸣吵扰，可那一刻心里却什么都没想。我踮起脚尖，提着裙摆，微曲膝盖，礼了礼。

张弯弯哼着调子："一二三，走起！"

昏暗的灯打在脸上，我看不清付明雨的脸，两个人之间好像起了雾气，一切氤氲模糊。我好像来到宫廷舞会，在巨大的舞池里，声乐宏大，翩翩而舞，不问今昔是何年。

张弯弯哼完最后一个尾音，我们终于停下来，我语重心长地搭了搭付明雨的肩说道："班长，我有一个不情之请，请用脚底面踩我，只用脚尖，底面积太小重量太大把我踩骨折咋整？"

付明雨摸着头窘笑，眼神明亮。他的眼睛真黑啊，就像小说里说的什么黑天鹅的羽毛啊夜空里璀璨的星星一样，一下子吸走了所有的光，而他笑一笑，所有的光又从眼角溢出来，这是一种美，让人忘情，恨不得时间可以停滞的美。

我不知道这种感觉是否叫爱情，可有一次，我看见张弯弯站在天台上，风吹起她的发，她身形单薄地张开手，要像鸟儿一样展翅高飞，那一刻我也觉得她很美。他们都很好，所以我想这样看遍风景，一路细水长流。

一曲华尔兹终了，不知谁在梦着谁醒着。大家照旧胡侃闲聊，开着无伤大雅的玩笑。那之后不久就分了文理班，我和张弯弯学文，付明雨去了理科班继续光宗耀祖，三个人却总不忘周末出来小聚一下，补习功课也好，单纯地浪费金钱也好，只要见面都会觉得很开心，因为每个人都守住了这份感情，它没有被突如其来的东西打乱阵脚。

之后那兵荒马乱的高考又将我们冲散，我到北京，张弯弯去了厦门，付明雨去了浙江，一眨眼就已是天南海北。寒假回来同学一聚，三五成群地唠嗑，付明雨被一群女生围住问东问西，张弯弯和我站在花坛旁看着光秃秃的枝丫。张弯弯捏着我的手，突然说："晚清，你还记得以前我们跳华尔兹的时候不？"我点头："记得啊，付明雨踩得我脚背肿了一个月。"张弯弯叹气："其实那时候我吓坏了。"我看着她，"啊？"张弯弯用力捏着我的手："真怕那时候你俩在一起啊，要是我落单了，多可怕。"

我一时语塞，那时候怎不记得想一想张弯弯呢，她其实真的很担心呢，我和她是顶好的朋友，而她和付明雨又是无话不谈，如果那时我和付明雨真的在一起，她很有可能一下子失去两名至交，在青春期里，有什么比这个更可怕呢？

我拍拍她的手背："担心啥，我们又没在一起，现在不还好好地。"

张弯弯继续："可是我又很怨恨自己，觉得自己很自私，如果你们在一起，我不是应该祝福你们吗？可是……如果我真的祝福你们，又觉得很虚假，思来想去，就纠结地拔头发，哎呀，还好你们没在一起。"

我笑道："你还真是直白，其实跳舞的时候，付明雨对我说了一段话哦……他跟我说，他很喜欢我，也很喜欢你，所以希望我们一直铁下去，当最好的铁哥们儿！"

037

是的，在那一场略显仓促的华尔兹里，或有或无的非分之想突然被付明雨的那一段话点明。朋友一生一起走，年少的爱情毕竟短暂，而友情却可以历久弥坚，感情模糊的界限里，年少的我们把好感叫爱情，却不知那是最美的友谊。

付明雨招呼我们一起照相，一边贼贼地笑："哎呀，一边站一个嘛，这样有一种左拥右抱的自豪感！"

张弯弯拉着我的手，把付明雨挤到一边，对着镜头张牙舞爪。

天空流云横行，时间倒流。

那个拎着我行李包的男孩儿，那个掐着我手臂的女孩儿，那场优雅的华尔兹，那年最美的我们。

鹅黄年华时

青果先森

初一那年开学军训，因为我比较活跃，所以四处蹦跶，四处打招呼、求认识，然后我就看到了脸黑得无法比拟的孟樊。

他冲我笑了一下，那一口白牙衬得他的脸更黑了，我顿时石化。

我第一眼看到孟樊的感觉……怎么说呢，我觉得孟樊的长相挺复古的。当然不是那种唐宋元明衣袂飘飘的风流少年，而是更久远一点儿的——山顶洞人。

排座位之后我右面是孟樊，左面与我相隔一个过道的男生是个典型文艺范帅哥。所以每次把脑袋靠在桌子上滚来滚去的时候那种感觉……往左一看像是看见了曙光，往右一看像是被踢出了天堂。

后来我学聪明了，只往左看，避免视觉反差造成的强烈失落感。有时候看着看着就呆了，孟樊就很不懂事地在我旁边弄出巨大的声响吓我一跳。

"看什么呢？"孟樊在我旁边一脸欠揍地问。

"管得着吗你？"

"你一直盯着小正直看，有什么企图？"

嗯，小正直是我左面的文艺男郑文志的外号。

见我不说话，孟樊又凑近了一点儿问："你是不是想送给他一首歌？"

"啥？"

"妹妹你坐船头啊，哥哥我岸上走！"

同桌一年后我发现，大量实验结果表明，孟樊奇葩的外表下还隐藏着一个奇葩的大脑。

比如说物理老师上课讲分子热运动规律的时候，老师说分子之间的间隔过大的话，它们的引力就不足以把它们吸到一块儿。

"你们应该都听过那个成语——破镜难圆——镜子为什么难圆？就是因为摔坏了以后分子间隔变大。"物理老师一推小眼镜，环顾四周道，"谁能给我举一个相似的例子？"

在大家默契地沉思着的时候，孟樊孟大爷突然嗷一嗓子来了一句："破镜难圆，覆水难收。"说完以后还唱上了，用猪八戒背媳妇儿的调唱汪苏泷的歌："当我放手你的温柔，就算覆水也会难收。"

然后笑得有点儿干呕的我差点儿没把心肝脾肺吐出来。

再然后……孟大爷就被老师扔出去罚站了。

下课的时候我打着关心他的旗号去看他热闹。冻得直打喷嚏的孟大爷居然还挑着眉毛意气风发地跟我说："吹了一节课小凉风，温度适宜，感觉倍儿爽。"

他那一脸贱样儿让我想起了我亲爱的偶像曾小贤。

后来有一天，孟大爷突然问我："你喜欢什么样的男生啊？"我想都没想就脱口而出："学习好的。"

因为当时我拉着他在看期末考试学年大榜，孟大爷仰着脑袋看了一眼第一名那一栏里郑文志的名字，叹了口气。

孟大爷又偷偷问我："你喜欢小正直吧？"

我愣了一下："啊？"

"别装了。也不知谁，没事儿就瞅着他发呆。"

我抽着嘴角说："你如果长得不这么反人类，我天天瞅你就行。"

这次轮到孟大爷嘴角抽筋。

初三开学之后，孟樊跟魔怔了似的，复习资料堆了一桌子。我偶然一瞥，发现他甚至买了高中的资料来看，我顿时感觉自己卑微到地缝底下的十八层地狱里。

小正直的桌子上只有中考模拟试题。他告诉我，高中课和初中基本不挨着，熬过中考这个坎儿就成了，高中课不急着学。我佩服他聪明大脑的同时顺便鄙视了一下只知道傻用功的孟樊。

孟樊从上初中开始共问过我两次，你是不是喜欢小正直。这是第二次。

而这次我没有否认。

孟樊沉默了半天，问我："你觉得我和郑文志比差在哪儿？为啥咱班女都喜欢他？咋就没人喜欢我呢？"

我想了半天说："你俩没可比性。"

"那他哪儿好啊？"

"长得白啊，在强光底下可以隐身。"我有意戳孟樊的痛处。

"那有啥？我还能在黑夜里穿梭时空呢！"孟樊一摊手，一脸的不以为耻反以为荣，"除此之外呢？"

我皱着眉头深思了一会儿："他会唱歌。"

孟樊一听这话就不乐意了："谁说我不会唱歌了？谁说的？"他一撩头发就扯嗓子开唱，"妹妹你坐船头啊哥哥我岸上走，恩恩爱爱纤绳荡悠悠……"

还是怎么唱怎么像猪八戒背媳妇。

临近毕业的时候，我决定给小正直写一封很长很长的情书。

我趴在桌子上打草稿，一边写一边不时偷偷看他一眼，他棱角分明的侧脸在阳光底下显得异常耀眼。我突然在想如果能不毕业，能让我这么一直看着他，该有多好。

而煞风景专业户孟大爷突然在我耳边说了一句："咦？在写情书啊？"

这我才发现在我看着小正直发愣的时候，孟樊已经看完了我写的东西。

"我告诉你个秘密，你想听吗？"孟樊一脸认真地看着我。

"嗯？"

"小正直有女朋友。"

我顿时觉得心脏漏跳了几拍。

孟樊叹了口气："你傻啊？那么好的爷们儿会是剩男吗？"

——这是孟大爷三年之内说过的最有道理的一句话。

也是最让我心疼的一句话。

我开始专心学习，不再想什么小正直和他的女朋友，所以第一次模拟考试之前的最后一次期末考试，我的名次比以前靠前得多。而让我大跌眼镜的是，孟樊居然进了学年前十。

"你看，我没白忙活吧？"孟樊一脸小人得志地看着我，我瞪了他一眼埋头写作业。

再然后，循规蹈矩地，我们做题、考试、再做题、再考试，一直熬到了毕业那天。

毕业典礼是在学校大礼堂举办的，孟樊当众唱了一首歌，让众人惊讶不已的是，他的声线完美得出人意料。他闭着眼睛唱樊凡的《我想大声告诉你》，似乎是动用了全部感情。

这一次，用的不是猪八戒背媳妇的调儿。

"我想大声告诉你，你一直在我世界里，太多的过去难割舍难忘记……"

孟樊唱完最后一个音，睁开眼睛冲着在台下听愣了的我笑。这我才注意到，三年过去，孟樊长得已经没有以前那么——过分了。甚至他一口洁白的牙齿还和肤色有种说不出的搭调。他下场直接奔我过来了，我俩坐在台下继续看别人的演出，一直无言。

直到小正直上场弹吉他，台下尖叫声掌声不停地时候，孟樊才一

第七个女孩儿

边捂着耳朵阻挡旁边人的喧闹声，一边跟我大声说："告诉你两个秘密，你想听不？"

"说呗。"我也捂着耳朵冲他喊。

"说了你不能打我。"

这时候尖叫声小了很多，孟樊和我默契地松开了捂耳朵的手，他说话的声音也恢复了正常："第一件就是，郑文志的女朋友其实是我给介绍的。"

"啥？！"我瞪大了眼睛。

"说好了不打我的！"他身体后倾，和我保持着他自以为很安全的距离。

我看他一脸傻孩子欢乐多的样儿，摆摆手说："不打你。第二件呢？"

"这第二件啊——"孟樊顿了顿，小声嘟囔了一句，"我喜欢你。"

小正直弹完了整首曲子起身谢幕，尖叫声又上来了，弄得我头皮发麻。我又捂着耳朵冲他喊话："你刚才说啥？我听——不——见——"

孟樊憋足了劲儿又喊了一遍："我说，我喜——欢——你！"

我顿时有种错觉，就是这满礼堂的欢呼声都是因为孟樊那一句话而生的。

小正直下场，主持人开始念那无聊的串词。孟樊问我："你听见了吗？"

我耸耸肩："没啊。"

这次他憋得脸通红也说不出第三遍了，瞅着他猴急的样子我就想乐。他最后放弃了，老老实实地看节目，直到典礼结束，他出了礼堂，踩着特别僵硬的步子走在我前面。

"孟樊。"

"嗯？"他停下来回头看我。

我深吸一口气，尽量让每个音拉得平缓悠长。我看着他的眼睛，轻声说："你猜，我答不答应你？"

第七个女孩儿

盛一隽

苹果女孩儿

我从来没有看见过这般神奇的体质，以至于有段时间我一直想弃文从理认真学习医学然后对该主人公进行解剖。

当然这话不能告诉她，不然躺在手术台上的就是我了。

她是个过敏特别严重，而过敏源又千奇百怪的姑娘。是的，无论何时你看见她都是脸上红扑扑的模样，然后挂着一副大爷的表情，看见你便会屁颠屁颠跑过来指着自己叽里呱啦地告诉你昨天又吃了什么，然后仔细分析一下可能导致过敏的因素。

就是这样。你可以从她的口中畅想人生百味。

"啊呀，我昨天不应该吃牛肉的。"

"我昨天不该吃炸酱面的，不过味道真的很好哦！"

"好吧，我不该吃火锅的！"

更奇葩的在于有次游玩儿回来，她一脸苦情地告诉我说，昨天因为流汗过敏了，然后逼着我做出同情的表情。

我也很好奇以至于有次突然问她："喂，姑娘，你究竟对什么东西不过敏啊？"

"我也不知道啊，有时候出门碰到花粉会过敏，有时候吃点儿东西也过敏。"

我低头便可以看见她不好意思红着脸的样子，绞着手，脸蛋像只红苹果。真可爱。

真可爱。可是后来啊，慢慢地她就不过敏了，可是脸上还是一副红扑扑的模样，因为她身边站着一个眉目如歌的少年。她微微低头，脸上的红晕连夕阳也抵不过。

嗯，那个少年不是我。

我看过最丑模样的她，却没那好运气接受最完美的她。

路痴女孩儿

我经常看见她在马路上摆弄着手机一副苦大仇深的模样，待我走过去时，她脸上的惊讶与欣喜像是看到了上帝。于是我揉了揉她的短发，不顾她躲闪的表情，以一副高高在上的语气问道："你又怎么了？"

尽管我知道她接下来的话肯定是一连串的抱怨不认路之类的语句，可我还是乐此不疲。

果然，她突然笑起来指着手机对我说："我要去这里，可是百度地图不给力。"

我看了看她手中闪着亮光的机器。很清晰的说明并配有地图，可是有了地图还不认路才是路痴的本质啊。

于是，我紧紧抓着她的手大步向前迈，过了一会儿她也反握住我的手。可是真奇怪啊，那天我居然也迷路了。

我牵着她走了很久很久。

就像我们在一起很久很久，可是突然有一天她离开了，也许是升级了百度地图，不再需要我的帮忙，抑或是因为其他我不愿意去想的原因。

我总是在想，这个小路痴什么时候才能从我的心里走出去啊。

她什么时候才会找到回来的路啊。

所以我一直在这里等着。那个笑起来眉眼弯弯的女孩儿。

减肥女孩儿

她好像常年都在减肥，也常年都在狂吃东西。她宣扬的理念是吃饱了才有力气减肥，于是我总是很有幸看见她狼吞虎咽的模样。像只小熊，我不知道用这种动物来形容女孩子对不对，可是她接下来的怒气便让我有了答案。

她爱拉着我跑步，一圈又一圈。常常没有多久她便往地上一赖说什么也不动弹，对着沉下去的夕阳自顾自地念叨着什么。她偶尔也会转过身问我一句是不是胖子真的会没有人要啊，我不回答，她也从来不需要我的回答。

结束锻炼后她便拽着我跑去食品店，站在门口纠结好久，偶尔理智打败了冲动便一副心不甘情不愿的样子离开。当然更多的时候她都会顶着"让我胖死"的表情坐在店里用筷子敲打杯子催着别人上菜。

我很久没见她，后来听闻她还是没有瘦下来。可是毕业那天我看见她穿着好看的裙子，露出白白胖胖的大象腿，一步一步坚定地向前走去，向着前方的少年。

我不知道他们说了些什么，下一幕我便看见她抹泪的场景。我突然想起她的问题，想要跑过去认真地跟她说一句就算你胖我也很喜欢啊。

可是。我只看见她跑开的背影，还是像只小熊。一只很坚定的小熊。

篮球女孩儿

我没有看过一个像她这般酷爱篮球却依旧技术渣的姑娘。

放学的时候我总是能在空旷的大操场上碰见她，一个人，一次又一次地将篮球投向篮筐而又一次次失败。两个人从未有过交流，可每次都心照不宣地等待着对方的到来。

直到某次她抱着篮球跑过来轻声对我说："那个……你可以教我打篮球吗？"我才突然发现一个真理，原来不管怎样的"女汉子"说话时都会脸红的。我点头答应，于是两个篮球逐渐变成一个篮球，然后又慢慢消失。我们爱躺在草坪上说话，如同两个外星人交流，她谈她的梦想，我谈我喜爱的篮球明星。可是彼此没有任何厌倦。我偶尔转过身便能看见她比星星还闪亮的眸子，我想每次和她在一起的夜晚都只有月亮相伴，大概也是星星因为逊色而不好意思于是躲起来了吧。

后来我因为竞赛的事情不再打篮球，路过篮球场听到篮球撞击地面声音的机会越来越少。直到某日我看见同学指着远处打羽毛球的女生说道："那个女孩儿打羽毛球很不错呢。"我捧着资料接话说："她不是喜欢篮球吗？""怎么可能啊她是我同学，她最讨厌篮球了。"

不知怎么，我又想起那双眸子。

近视女孩儿

她号称摘下眼镜五十米开外人畜不分，可是每次都能在食堂里寻觅到我的影子然后大叫一声"盛一隽你记得替我占座"，当然每当这时候我都会向她投以仇恨的眼神，可无奈她还是嘻嘻哈哈。

后来和她提及这事，她一脸恍然大悟的模样，咬着筷子说道："哎呀，我近视的了，我又看不见你的表情！"说着话的工夫她又急忙从我碗中捞走了一块肉，以细嚼慢咽的方式表达了对食堂阿姨的喜欢。

人在这个时候一般都是有意识的。比如说，我意识到了自己的眼神对于一个近视的人来说是没用的。可是我却没有意识到，她究竟是怎么看见我的呢。

我时常碰到她的眼镜，便听见她的尖叫，连忙拿过来一边擦拭干净一边听着她的抱怨。

"哎呀你知不知道眼镜镜片是很宝贵的东西啊，它是我心灵的窗户啊……"

偶尔说到一半我会殷勤地递过去一杯水让她休息一会儿，而她总是咕咚咕咚就解决了满满一大杯水然后继续念叨。而我每次都在这时对自己表示鄙夷，失败了这么多次怎么就不知道换个大点儿的杯子呢。

有时候我也会很好奇眼镜下的世界是怎样的，于是趁她不在时偷偷拿过来尝试。模模糊糊一点儿也看不真切。

很久以后我也开始近视配了眼镜，而与她也失去了联系。我再也没有听见她在食堂里的大喊大叫，而她即使出门戴了眼镜也好像看不见我了。大概近视更加严重了吧，我想。

047

可是摘下眼镜的我，依旧能在人群中搜索到她的身影。难道这也是一种可以传递的特异功能吗?

笔尖女孩儿

她经常在路上指着某个女孩儿告诉我说："你看，她肯定有故事。"然后自顾自坚定地点头。我看着路边普通的马尾辫女孩儿实在不清楚故事来自于何方，可是身边的姑娘总是这般坚定不允许任何人表示怀疑。

她说她能看得见别人背后的故事。

她爱捧着本子过来找我将大片大片的文字给我看，一个人坐在旁边安静地等着我看完。一般情况我总会批评她不做正事文笔一般。偶尔真正碰到我喜欢的故事时仅会小幅度地点头轻声说句："主人公的名字太难听了啊。"似乎损她是我天生被赋予的使命。

"真的吗真的吗？"每当这时她总是噘着嘴一副不满意的神情，然后突然灵光乍现似的拍桌叫道："你觉得盛一隽这个名字怎么样？"我瞥了她一眼没有说话，以沉默表示了自己的反对。

"那李浩呢？"听完她的话我径直向前走去，不忘丢下一句"你的故事情节真俗名字也俗"。嗯，李浩是隔壁班班草的名字。

我不知道那晚她在店里坐了多久，我在路边数着时间一点点过去却没见她追上来的身影。两个人，一个在外面一个在里面，可是谁也没有踏出那一步，直线不过五六米的距离。而后我便很少看到她的身影，听说她也开始认真读书做到了所谓的一鸣惊人。

突然怀念起她还是因为一篇文章。那里的男主角便是盛一隽，嗯，没有李浩。只有两个人两情相悦最终错过的悲剧。故事情节还是一如既往地俗气，可我竟发现旁边的陌生女孩儿哭出了声。真是矫情啊，我抹了抹自己的泪。

我不知道她是否还会继续写故事，但我确定那里面的主人公不会再有一个叫盛一隽的。

谁是谁的笔尖少年，在绝望的荒城里辗转成歌。

第七个女孩儿

你坐在我旁边指着电脑上的文字笑着说："原来你就碰见过六个女孩儿啊。可是她们都没有名字的吗？"

"嗯，没有。"

"为什么啊？"你转过来对着我说。

"因为她们都是你啊。"

嗯，她们都是你。苹果女孩儿、减肥女孩儿、篮球女孩儿又或者是其他女孩儿，她们都是你啊。

也许你也被拒绝过，也许你也曾因为别人爱上了某种运动，也许你也曾不美丽，也许你也在他人身边安心扮演配角，可又怎么样呢？你还是来到了我的身边。

所以，她们的名字都是你，林暮暮。

花果是另一条小河

树　一

花果喜欢小河

天气转凉了，大家都加了长袖衫，只有花果夸张地套上了毛衣。好像每次季节变换她都是穿得最多的吧。

"花果！花——果！你的颜料没有拿！"梁思叫住已经走出画室的花果。

花果听到呼声后猛地转身，却和迎面跑来的梁思撞了个满怀，颜料散落一地。

"花果你不能慢一点儿吗？"

"对不起。"

今天花果似乎不太开心，没有和梁思贫下去。只是背好包一声不响地走了。梁思张了张嘴，想叫住她，但最后还是放弃了。梁思知道一向开朗到不可理喻的花果为什么会不开心。准备了很久的情书被折成飞机飞出了窗外，心里很难受吧。

班里很多人都知道花果喜欢一个叫小河的男生。花果说，小河很聪明，小河的画画得很好，小河是风一样的男子。但是谁也没有见过那个叫小河的人。很多人干脆把小河当成是花果的假想。因为花果一直不靠谱。

"我写情书给小河了。"花果偏过头对同桌说。

"哦。"

"可是小河把我的情书折成了纸飞机扔出了窗外。"

"哦。"

"你可不可以有点儿反应呢?"

"嗯。"

花果放弃了和同桌的对话,她知道班上很多人把她当成神经病。自己也没有希望和同学做朋友。可是小河不会,小河会和自己说很多很多话,小河是自己的朋友。

梁思很心疼花果,她知道花果不过是思维比较跳跃的孩子,而且,她知道小河是谁。

生命里缺水

小河叫宁古河,大花果两岁,是一个很奇怪的男生。在学校里不爱说话,不会和男生在一起打篮球,更不会和女生打打闹闹。上课的时间多半是用来睡觉的,喜欢看看书,像女生一样写写甜腻的文字,学习成绩优异。也许是因为在这个大前提下老师才会对他上课睡觉的行为睁一只眼闭一只眼吧。宁古河习惯在周末去写字楼最高层的画室画画。他与花果便是在那里认识的。

花果是很爱画画的,她喜欢执笔舞出生命的颜色。这一点和宁古河异常相似。

他们的相遇只是简单的遇见罢了。那一天花果拉着梁思报了美术班,像模像样地背着画板和颜料去了画室。画室是几个高中生办的,没有老师,去画室画画的人每个月交点儿分摊好的房租就可以了。

花果找了很久,看到了一个坐在阳光下认真作画的男生。他画得可真好!他就是这间画室的主办人了吧。

"你好！我是花果，她是梁思！初次见面请多指教！"

"花果？还花果山呢。"那个男生抬头看了看花果，便又将视线转移到画上。

"你怎么知道我叫花果珊的？"花果差点儿没冲上去。

"给你取名字的人爱看《西游记》呗。"男生刷刷几笔结束了那幅画。落款：宁古河。

"请问你们就是新来画室的两位？"声音从花果和梁思的身后传来。

转身一看，是一个戴眼镜，一身书卷气的男生。

"是的。"

"我是画室的主办人，初次见面请多指教！"

什……什么？他才是主办人？那么那个男生呢？

"嗯，也请你多多指教啊！"梁思拽了一把石化状态的花果，接上了那个男生的话。

"你是梁思？她是花果？我是顾倚。"顾倚看着她们两个人的报名表推了推眼镜。

"是，花果很喜欢画画呢。"

顾倚看了看花果："那么以后一起努力喽，我先走了，有问题可以问古河。"顾倚指了指刚刚打招呼的男生。

梁思顺着顾倚的手指看向那个阳光下的男生，干净而脱俗。很儒雅却没有一丝书呆子的样子。

"你的笔名是宁古河？好有诗意呢！"花果终于结束石化。

"不是笔名，是本名，爸爸姓宁，妈妈姓古，五行缺水，所以叫宁古河，很普通的名字。"

说完，宁古河便站起身装好画板，背上，准备离开。余光却看到花果一直在盯着他的画，是一种很喜欢的表情。于是停住脚步打开画板夹，抽出刚刚画好的画，在花果面前摇了摇："送你了。"

花果双手接画，等到反应过来准备说谢谢，男生早已离开了画室。

画纸上有一条潺潺的小河，远处似一座古堡。古河……

我们都是水瓶座

梁思看到花果一副闷闷不乐的样子很自责。花果和宁古河原本是很好的朋友，可是那一纸情书打破了他们之间的宁静。梁思很早便知道花果喜欢宁古河，她告诉花果，单恋很苦，现在不向宁古河表明心意，以后宁古河有了女朋友哭也来不及了。那样安静而美好的男生不可能没有女生倒追的。

花果准备了小碎花信纸，很用心地写了满满一张纸。结尾是：你是水瓶座，我也是水瓶座。在一起幸福的概率会很大哦！

等到周末去画室，满心期待地把情书递给了宁古河。宁古河很认真地看完了花果的碎花信，好看的眸子弯了弯，他笑了。花果也笑了！自己成功了吗？后来宁古河将碎花信翻来覆去叠了几叠。一个纸飞机便成型了。哈了一口气，写满爱意的纸飞机便飞出了窗外。

"小果……"梁思想要安慰花果，却不知从何说起。

"嗯？"

"你在难过？"

"是啊，今天又没有买到奶茶，烦死了！"花果托着下巴一脸茫然。

梁思一颗悬着的心放了下来，她知道，花果从不口是心非，是因为没有买到奶茶而无奈，而不是因为情书的事！或许这个理由太牵强，但梁思还是选择这个理由说服自己，没有事的……因为她想起了花果和宁古河的笑眼。

画室里一直很安静，大家都在认真画画，花果画了一下，放下画笔望了望，傻笑了一会儿，又开始画。又画了一会儿，停下动作朝边上看了看，又傻笑了一会儿。

"你颈椎不好啊？"冷不丁安静的画室冒出了这声音，是宁古河。

"哈……我颈椎挺好的。"花果想也没想就回了话。

"你到处看什么呢？"

"宁古河你生日是几号啊？"花果就这样自然地转移了话题，她总不能说自己一直在看他吧。

"2月7日。"宁古河顺着说下去了。

"2月7日啊……你是水瓶座？"

"嗯，你呢？"宁古河放下了笔，一副准备要和花果长谈的样子。

"1月26日，我也是水瓶座啊！"

花果的心里像被什么塞住了，满满的，很幸福。

时间一天又一天地过着，花果的小心思越来越多，比如小河喜欢黑色和白色，小河喜欢周董，小河的自行车链子掉了，小河是个表里不一的人，十足的腹黑，小河的父母都在外地，他一直一个人生活……

直到那一天，宁古河对花果说："我是你什么人？"

"嗯……一起画画的同学。"

"原来你那么随便啊，和一起画画的同学都能聊得这么开心。"

"那……我是你什么人呢？"花果的小宇宙快要爆发了。

"朋友。"

两个字而已，花果却激动得语无伦次："嗯嗯！你也是，你也是！"

"我是什么？"

"朋友，你是我朋友！"

尽管那天天阴，光线不好，但梁思看到了两个人的眼角溢出的快乐。

"哐！啪！"

梁思抬眼，花果被桌子绊倒了，身旁散落一地的书，隐隐露出了一张画纸，只能看清一角，上面写着：宁古河。

花果凝视着沾满灰尘的牛仔裤，眼泪就那样一滴一滴地落在了裤子上，晕染了灰尘，打湿了牛仔裤，怎么擦也擦不掉。

该怎么办呢？是不是摔得太痛了？所以花果忍不住哭了，一定是的！不然花果是不会哭的！认识花果这么多年，花果从来都没有哭过。忽然间，梁思想到了星座书上的一句话：水瓶座不会为别人哭，若为某人哭了，那个人便会留在瓶子的心里，无论结果如何，这一留便是一辈子。

花果站起来拍了拍裤子："梁思，我要逃课去画室。"

"嗯。"

"你去吗？"

"我陪你。"

你便是另一个我

走进写字楼花果才知道自己太冲动了。今天又不是周末，画室怎么会开嘛。但仍不甘心，去碰碰运气吧。到了顶层，画室的门竟然是开着的。是顾倚，只有他一个人。

花果和梁思坐到顾倚身边打了个招呼，便架起画板开始画画。

"花果。"也不知过了多久，顾倚开口了，"我知道你跟古河的事情了。不要太难过，所有的事情在古河身上都没有定数，他是一个十足的怪人！"

这是安慰吗？花果咬了咬嘴唇没有说话。

"古河一直一个人生活，没有多少朋友，他不爱和人说话。你第一次来到画室的时候古河竟和你对话了，我便知道你不一样。古河心里是怎么想的只有他一个人知道。小丫头，或许过段时间古河就会给你答复。"顾倚自顾自地慢慢地说着。

"嗯，谢谢你。"花果对着顾倚笑了笑。

花果画的是一座山，周围有很多花花草草。旁边附了一段文字：原名花果珊，谐音花果山。花果山内有水帘洞，因五行缺水便叫了这个名字。太多的相似，证明你便是另一个我。落款：花果。

太阳落山，与顾倚挥手告别。花果和梁思走在回家的路上："梁思，我想我知道该怎么做了。"

"嗯，想开了就好，不管遇到什么，我都会陪着你的。"

相同的星座，相同的命格，相同的爱好，骨子里相同的想法。宁古河，你便是另一个花果，怎么做便都是你的所想，对吧？

生活依旧继续，花果认真上课，偶尔和同学说说自己喜欢的小河，再和梁思开玩笑，往前桌的帽子里扔揉成团的草稿纸，周末背着画板去画室画画，看到顾倚笑眯眯地打招呼，悄悄地画宁古河温暖的侧脸。

花果正画得起劲儿，忽然画板上落了一架纸飞机——是上次自己递给宁古河的碎花纸。一道温柔的目光落在花果身上，宁古河正含笑看着呆呆的花果。花果打开纸飞机，正是上次自己的那封信，只不过开头的称谓改成了"小果"，落款改成了"宁古河"。花果的心全部释然，笑出了声。

"宁古河！我又找到了你和我的相似点！你和我一样懒嘛！哈哈！"

"是的，你是水瓶座，我也是水瓶座，在一起幸福的概率会比较大。"宁古河无比认真地说完了这句话。

是了，这便是简单的遇见以外的收获吧。

恰 如 西 子

水晶无敌

1

西子来找我的那个午后，阳光灼人眼睛。"水晶！水晶！"吼声伴随着敲桌声传进我的耳朵，接着我头发一紧，顿时惊醒。我说田西子不要揪我头发！再揪小心我去付子琪面前说你到处勾搭！随后吼声敲桌声瞬间消失，我的头发也终于得到解放。

"今天周三，田西子同学你又旷了两天课，说！该当何罪！"我一边用水瓶里的水往脸上泼两下，一边用湿手揉着西子那一头在阳光下面红得发亮的头发。

"哎哎哎，别弄我头发，今天刚做好的。"西子拍掉我的手。

"你说你这像什么学生样！校服非得打个结，背个包也像麻袋似的，"我斜瞅了眼被西子撇到桌上的大包，"你这厮是要抢银行吗？"

"我倒真想有那个胆儿，何必回来听那光头说教！"

"田西子！来一趟！"看吧看吧，这真是说曹操曹操就到啊！叫你咒我们伟大的老班，报应来了吧，咱光哥可是全年级出了名的狠角啊，女生怎么了，女生也是人，咱光哥照骂不误。

2

"哎！时运不济命运多舛啊！"看着眼花缭乱的数学卷子，我不禁仰天长叹。身侧的西子又是困得直打盹，我斜瞥她一眼，摇摇头无可奈何地转过头拿起笔飞快地演算起来。

"水晶，你帮我辅导吧。"不知何时，西子似乎是清醒了些，轻柔的话语飘进我耳朵里。我略微偏了一下头，鼻腔发出"嗯"的声音，接着，便又埋头在劣质卷子上的XYZ里面。

两节自习将近结束的时候，我终于如释重负般地将卷子上密密麻麻的习题解决掉，回过头，西子在转笔，注意力似乎完全不在习题上，倒是手腕上的蓝色手链被她不时摆弄着。

"我写完了，西子小姐要'借鉴'一下吗？"我拍拍她，用调侃的语气问道。所谓借鉴，就是字面上的意思，我和西子同桌大半年的相处的方式一直是这样的。

她瞬间眼睛发亮，停下手中转动不停的笔，拿过卷子，刷刷刷地飞快写起来。第三节自习课的铃声响起，西子手中忙碌的笔终于停下来。我扔过去一块糖，顺便把自己的卷子拿回来。西子含着糖拍拍我，用不太清晰的声音和我说："你说付子琪他是不是真的喜欢我啊？"我点头，顺便赠予她一个无比真诚的眼神，证明我没有说谎。付子琪到底喜不喜欢西子我是真不知道，但我只知道年少的爱情都不会有结果，到头来只是竹篮打水一场空。不过这种说教都老掉牙了，我都懒得和西子重复，相信她在光哥的办公室里也不是第一次听到了。

西子再次拍我的时候我甚是不情愿，内心挣扎着要不要回头去听她的一系列白痴问题。她见我没反应便再次拍我，我拿着笔继续演算，只是头朝她那边移动了一些。"水晶，给我讲讲题吧。"她的声音可怜兮兮地让我无法拒绝。我犹豫了半天，皱起的眉头总算舒展，放下笔，朝她那边看过去。

我想我的耐心已经足够泛滥了，当为西子讲了第N+1遍那道几何题时，西子的一声"我懂了"终于解救了我。眼睛看了身后一眼，孟雨泽依然在奋笔疾书，我闷闷地撇下"剩下的题你自己去问老师"这句话，便再次埋头于题海中。又一节自习下课，我回过头时，西子已经趴在桌上睡着了。

"水晶，我想我是学不下去了，看着那些乱七八糟的符号就头晕……"西子终于安分地在学校待上了几天，只是每天都会对我重复着这句话。

而我也一如既往地配合地回她一句"一切都会好的"。

是的，一切都会好。

3

西子的头发又长长了，斜刘海儿已经遮住了眼睛，光哥几次叫她去把头发剪短，西子依然我行我素，不肯执行。最后光哥撂下狠话："再不剪头就让你家长带你剃光！"接近秃顶的班主任站在讲台上严肃地警告着西子，后排的男生憋着笑，坐在第一排的西子嘴里却嘟囔着："正好，我还正想斩情丝当尼姑呢。"

我看着西子愤愤不平的脸，心中了然，看来她和付子琪又出现感情危机了。

七月份了，西子的头发已经扎成了小马尾，而在这之前，由于她坚持不剪头发，结果被光哥训斥回家反省。我低着头笑着和西子说话："西子，这下好了，你又清闲了。"西子也同样低下头，避开老师的目光，偷偷窃笑。

三天后，西子在她妈妈的监督下乖乖地进了校门。她进班时，我已经在座位上了，从习题中探出头，一眼便看见了她，她对着我眨眨眼，打了个OK的手势便转身朝老师办公室走去。

"瞧你这一脸的怨妇样，怎么？被压迫了？"我在西子第五十六次叹气后，终于无奈开口。"哎！我被软禁了，就连家门槛都迈不出去！"她喝了口水，急着向我倾诉不公平待遇。"你知道吗，我妈上班之前，把我的钥匙手机全没收了，门反锁电闸拉断，你说我是造什么孽了，我看我妈就差没把我拴根链子绑床头了。"

"嘿！你妈当过监狱长。"我是以肯定的语气说这句话的。

"不，她是做老师的，小学的。"西子一脸认真地纠正道。

"嗯哼！难怪现在连小学生都叫苦连天，敢情连小学老师都这么严厉了！"我一边说着一边扔给西子两本笔记，"爱抄就抄，不抄拉倒。"

<h2 style="text-align:center">4</h2>

初二下学期的生活终于告一段落，从考场中走出来，迎面遇见孟雨泽。

"水晶，考得怎么样啊？"孟雨泽和我正好顺路，便一起去等公交车。我说："就那样吧，听天由命。"

"知道下学期要分重点班了吗？好像只有一百五十人可以分进去。"孟雨泽声音带着忧虑。

"以你的成绩绝对没问题的，倒是我成绩不稳定，说不定就与那一百五十名无缘了呢。"我看着孟雨泽阳光下长长的睫毛，心中着实羡慕这个成绩好又漂亮的女孩儿。

"呵呵，分进重点班的话你就终于可以远离田西子了，她总是影响别人，真让人受不了。"孟雨泽说得云淡风轻。我犹豫半天，还是冲她笑笑，点头。

的确，是个让人受不了的家伙。

5

老妈人到中年是一定会按时去美容院的，涂涂抹抹半天她才终于走出卫生间，拿起包朝正在游戏里奋战的我走来。

"走吧……"她故意拖长音，好像我若不跟她去她就不会走似的。

"哎呀，好了好了，不就是让我看看人家美容院的学徒怎么怎么勤劳，怎么怎么认真吗，喊，了不起啊！"

我被老妈生拉硬拽着进了一家美容院，老板娘一面招呼着客人一面让服务的小妹做这做那。我马马虎虎看了眼各种美容必备品便走向一侧的沙发坐下闭目养神。模模糊糊还听到老妈和老板娘的谈话。

"上次那小丫头呢？"是老妈的声音。

"还在这儿当学徒呢，这不，端水来了。"我半睁着眼看了看端着水盆的女生，心里顿时一惊。

"西子？"她竟然来当学徒？不读书了吗？要来学美容吗？各种疑问在心里冒出。

"嗨！水晶，你妈妈长得真漂亮啊。"她指指我老妈躺着的地方，冲我笑了笑便放下水盆转身急匆匆地走了出去。

"我……"我还不知道说什么好，只是看着她的背影发呆。

我问老妈西子会不会是不念了，是不是以后就在美容院工作了。老妈想了想，最终摇摇头，只说每个人的道路都是自己选择的，也许这个行业真的适合她。

6

再次见到西子是在校园。初三刚开学，学校说要给教室消毒，我们便都出来上活动课。

"水晶，水晶，我可找你半天了！"她今天穿着整套夏季校服，这倒令我吃惊了，她向来都是不按规定穿校服的，我有好多问题想要问她，只是不知从何问起。

"你进重点班了吧，嘿嘿！你倒好了，我们那个班班主任简直就是一个洪水猛兽，政教也是就盯着我，你看我好不容易按学校规定穿了校服，这政教一会儿说我上课说话，一会儿又说我照镜子，这就算了，我跟男生说个话也被抓，说我行为不检点要扣分，你说多气人！"西子皱着眉头，语调上扬，拉着我的手都有些用力。

"我说你也太倒霉了，原来以为光哥就是你劲敌了，没想到半路还杀出个程咬金给你来个全面围攻了！哈哈！"我笑着，却始终不知道该如何问她美容院学徒的事。

"咳咳！"我佯装咳嗽，眼神示意西子看后边，付子琪正往这边走来。西子啊西子你懂得时刻保持形象吧，心仪对象都来了还摆着这泼妇骂街的架势，看你怎么收拾场面！

西子见到付子琪的那一瞬间终于停下了张牙舞爪，付子琪走上前来轻轻牵起她的手，西子便红着脸顺从地跟着他走了。可恨！竟然连再见也没说！有异性没有人性的家伙！

7

我没和孟雨泽分到一个班，她在初三B班，而我在A班——全校前五十名的班级。我心中有着无限欢喜，又夹杂着些许惆怅。孟雨泽说得没错，没有了西子这个同桌，我的世界清净了不少。初三没有传说中的兵荒马乱，每个人像是戴了面具，不是面无表情就是面带微笑。我自嘲这应该就叫君子之交淡如水吧。

从食堂回教学楼的路上，我遇见了付子琪，他正拿着一袋零食站在教学楼门口，似乎是在等人。是在等西子吧？也许太久没有见到了，有一种想念的滋味在心头萦绕。

我走到教学楼门口，停了下来，大概过了两分钟，从食堂出来的学生渐渐多了起来，我站在门的左侧，付子琪站在右侧，人流将我们隔开，挡住了我的视线。我看看时间已经不早了，心想还是走吧，以后再见不迟。

转身，在门缝中，我轻轻瞥了一眼，一个长卷发长相清秀的女生笑靥如花，轻轻接过付子琪手中的袋子，似乎是说了什么，付子琪也跟着开心地大笑起来。随后我被人流挤上台阶，付子琪和那个女生被人群淹没，我踉跄着站稳脚跟，却终究没有到付子琪面前问一句他们分手的原因。

若问原因，不如说一句：年少的爱情终究会被时光带走，一去不回。

8

知道西子退学的消息时已经接近期末考试。西子那次跟着付子琪走时我还在抱怨她没有和我说再见，没想到真的再也不见。

我是从一个小学同学口中得知的。她说她有个同桌天天被老师叫进办公室训话，染头发、不穿校服、不听课，三天两头不上学……简直坏事做尽。她还说那女生有一个很特别的名字，叫田西子。

我眼睛瞪大，不知该说些什么。

我最终得知原来西子在开学两周后就退学了。听说是因为老师不想她为班级抹黑，所以找来她家长，只说了"要不转班，要不退学"这一句话，便头也不回地进了办公室。我也听说那天教学楼走廊里一个女生一直在哭，还伴随着家长的严声厉色，但最后打骂声都没了。我还听说在那之后就没人见过西子了。

9

我和孟雨泽一起等公交车，我说田西子退学了，在开学初。她面无表情，只淡淡地说："早晚的事。"然后便是公交车来了，她刷了学生卡，找了座位坐下后抬起头来疑惑地看着没上车的我，我对着车窗摆了摆手，说："我想起我还有事儿，你先走吧。"

我没有管孟雨泽是否听到了我的话，只是独自沿着公交车路线一步一步慢慢向前走。

我想起初二刚开学时我和西子被分到同一个寝室，她的波波头被烫成卷发，接电话时不时会爆粗口，那一刻我便将她归为坏学生行列。以致每次拿完换洗衣物都要紧紧锁上储物柜的门，因为里面有我珍爱的MP5，这样遮遮藏藏了半个学期我才算有些相信了这个叫田西子的女孩儿的为人。似乎她也不是那么坏。

付子琪的那句话突然在我脑海里显现，他说："罗水晶，她和你永远不是同一种人，她是你的过客，对我来说，同样。"

我想付子琪从小学到现在是一直都没变的，喜欢了就竭尽全力得到，不喜欢了就双手放开，永远是那么不管不顾，或许这也是一种洒脱吧。

即使付子琪真的喜欢西子，到最后恐怕还是会放开她。他那有钱的爸爸会带他到省里念重点高中，会为他安排好一切，他又何必去担心学业呢？

他说得对，我们，无论是我和付子琪，还是我和西子，再或者是他和西子，永远都不是一种人。

10

霓虹灯闪烁着照亮整条街道，汽笛声依旧不绝于耳。坐在1路班车上，从窗口看见一家美容院的招牌。似乎看见一个端着水盆扎着小马尾的女生说着："我是不是被世界遗弃了。"

她肯定的语气让我蓦地心凉，像是一层层冰在心中积聚，垒成一座终年不化的冰山。我忍不住打了个寒战。我想开口说些什么，却终究惭愧自己没有资格来说这些冠冕堂皇的话语，只因我也是曾经遗弃她的人中的一员。

11

初三的学业越来越繁重，我已没有时间去惆怅哀叹。有多久没有想起西子了呢？我已记不清。甚至她的样子，在脑海里都渐渐模糊。

夜里看天上的星星，突然觉得像极了她的眼，我伸出手，仿佛够到了那颗星星。紧握，我离开的朋友。紧握，我逝去的友谊。

065

家

宋元新

以前，我总是想，家对我来说到底意味着什么。

我总是想着要离开，去不同的地方，一直走在去远方的路上，去见不同的人，去看不同的风景。

后来我又想，若是真的到了那个时候，我又该以怎样的心态离开家，家对我来说，到底意味着什么？

兀地想到了一句，家如衣。

虽不是什么精妙的句子，但是形容我心里的那种感觉却十分贴切。

家就像是衣服，穿在身上，给予我温暖。但是，有一天，我长大了，而这件衣服却已经不再合身，尽管它依旧温暖，但若生硬地套在身上，一定会有紧紧地压迫感。

所以，必须脱下。

我想等我脱下这件衣服的时候，一定有着感激而又惋惜的复杂心情。

我第一次开始住宿了，我把它当成以后离开的演练。

住宿一周回家一次。熬过了一周，在看到了家门的那一刹那，好像全部的力气都被抽离了，疲惫猛地汹涌起来。但当我推开门的时候，突然明白，现在不能疲惫，不能喊累，因为没有人会询问我，没有人会关心我。

因为，母亲不在家，有事。她对我说过的，我却忘了，不知不觉地忘记。

生活，好像时时刻刻都给我准备了惊喜。

推开我房间的门，我看到了我的书柜还在往下淌着水。暖气试水，家里没人。

原来，我不在的这个房间，叫作空房；没人在的这个家，叫作空家。

依旧是房间，依旧是家，只是少了人，便就多了前面的修饰词。空，多么令人恐惧。

真正恐惧的不是绵延的无限苍白，而是自己突兀地作为那苍白中的一个黑点而不自然地存在，向四周望时，什么也寻不到。再低下头，猛地发现被忽略的自己，于是孤独就融在看着自己的目光里，在不知不觉中将自己斩杀了。

一本一本，一页一页地晾晒那些书，让冰冷潮湿的书页在浅黄色的阳光下一点点地暖起来。

书页上的水渍慢慢地变浅，变成了纸张上抚不平的褶皱，原本一个个鲜活的文字，被水揉搓变得朦胧。翻到下一页，指尖感受着书页的凹凸，一行文字，却像手一样紧紧地抓住了我游离的目光。

"它是一种空了的生活。"仅仅这一句，突兀地冒出来，抛却了其他的句子，独立地跳进了我的眼睛。

《顾城诗选·家中多雨》："家中多雨，淋湿了我的书。"自嘲自解地笑笑。可是目光却还是定格在那句话上，慢慢地像阳光晒干水渍一样，那句话只剩下了一个"空"字，在空白的书页中，静默着，我在空白的家里，沉默着。

只有潮皱的书页，慢慢蜷缩的声音，只有阳光越跳越低的身影。

这一夜，无梦。

等我再醒来的时候，已是中午，满屋飘逸着饭香。我打开房门，正好看到母亲来叫我起床吃饭。我看到，她的嘴角挂着笑容。

"学校的饭，好吃吗？"母亲边给我盛饭边问。

"还可以，就是米饭没家里做得好。"我接过母亲递过来的米饭。如往常一样沉默的饭桌。

扭头看着电视，却听到母亲说，这周她就做了两顿米饭。第一次，做多了，而第二次却粘锅粘得厉害。讲完之后，自嘲地笑着摇了摇头。

我听着，只是狠狠地扒着碗里的米饭，让米粒塞满我胀痛的喉咙。

我们家是南方人，偏爱米饭。爸爸时常出差离家，母亲做三人份的米饭。而今，哥去了外地上大学，而我住宿。

我明白的，我都明白。

一个人在家的母亲，依旧按着习惯做了三个人份的米饭，无意识的以为过了十二点半，就会有两个儿子守在饭桌边等着吃饭。

不知道，等了许久的母亲，猛地想起就只有她一个人，不会有人回来的时候，会是怎样的心情，那一顿米饭分明已经煮熟了，吸足了水，饱满而晶莹……

等第二顿，再做米饭的时候，终于记住了，家里只有她一个人，而饭量很小的母亲，却又做坏了，因为米实在是太少了，根本就做不成，都粘在了锅上……

我把脸埋在碗里，然后听到母亲说："明天，我要去苏州一趟，下周日之后才能回来。"

我一顿，然后慢慢地点头。许久，我才问："车票买了吗？"

"还没。"

"那我和你一起去买吧。"

简单到连表情都没有的对话。

本以为车票很难买到，但是那个小小的窗口，却以极快的速度将长长的队伍吃掉，最后利索地吐出一张鲜红的车票。

我要晚上返校，临走的时候，嘱咐她说，路上要小心。对，是嘱咐，就像小时候我上学时，她曾对我说的一样。"路，是长在嘴上的。"当我说出这句话的时候，她笑了，而后我也跟着笑，因为这也是她曾教给我的。

下到一楼，楼道里声控灯已经灭了，抬起头，看向灯的位置，一跺脚，灯光立刻在我的眼睛里绽放出一朵浅黄色的花，但是我看到的却是一片苍白。

就像三个小时以前，我在房间里叫她"妈"，没有回应。又叫了一声，却还是没有人应答。可是，我却清楚地听到了回音，我的回音。为什么我会用这么大的声音叫她，为什么我的声音这么无助？

我错愕地坐在书桌旁，新建了Word文档，慢慢地打下了"家"然后鼠标下拉，便是满屏的苍白……

现在眼前的苍白，也跟半个小时后所见的在身后流走的夜色一般无助。

窗外的夜色被快速地掠过，我喜欢这种感觉，就如同在远方的路上，沿途的风景被舍弃得那么痛快，我想等我以后离开的时候，能不能也这么干脆。

家如衣的想法又在脑海中显现。

有人碰到了我拎着的袋子，发出轻微的响声。我低下头，看到母亲给我洗得洁净如新的衣物。

蓦地惊醒，一天天一日日，我都在穿母亲洗过的衣物中慢慢长大、长高，从牵着母亲的手，到攀上她的肩膀，然后和她比肩，最后，超过她。

069

家如衣，但是这个家绝不会因自己的长大而束缚了自己，因为她无时无刻不在用自己的双手，用亲情的毛线续织着这件衣服，只为了能够合身，能够保暖。而我需要这温暖，需要母亲，不管我长得多大，比她高多少，那种天生的依赖感不是几厘米所能够衡量的。

每个人在母亲的眼里都是孩子，在孩子眼里，母亲是最值得依靠的。

我想母亲也是需要我的，需要我站在她的身边，让她可以继续她所有关于我的习惯。我想，那会是她生活的很大一部分。

于是，所有的空白都开始融化，我看清了眼前的所有！我看到了那个在窗边等我放学回家的年轻的面容，我看清了守在门口等我回来的、那双已不清澈的眼眸。

我看透了弥漫在五层楼内的黑暗。

"妈！路上注意安全！"

"哎，快走吧。"

叶 落 菩 提

苏 橙

也只有你能如此猖狂

窗外蝉鸣不断，赫然成为这个夏季的特产。操场上巨大的老菩提茂盛地撒下一大片绿荫，层层叠叠像落了一地金子。

而我，本来迷迷糊糊在一堆复习资料中半睡半醒着，突然被老班叫起来，没头没脑地回答了一些问题，再被呵斥着坐下，便再也睡不着了。

我转过头，看见江南完美的睡颜，以大菩提树为背景，那张千年不变萌死人的娃娃脸平静而安详，轻颤着的浓密睫毛，均匀的呼吸。好吧，我承认我又花痴了，但我的记忆里着实没有任何一个男生可以让我如此心动。

咕咕，肚子有些不安分地叫唤了。我扳过他的手腕看了一下手表，离吃午饭还早，但我的确饿了，早上一杯豆浆在胃酸的分解下消化干净。我张嘴就冲着他的胳膊咬了一口。

"哇！"江南疼得叫唤出声，可爱的表情瞬间转化为痛苦，然后是愤怒，还好有点儿头脑地顾及正在上课的老班，压低了声音却还是止不住怒色，"苏小乖，你有病啊！"

我满意地听着他咬牙切齿地叫出我的名字，眨巴着眼睛，全然是一副无辜的样子，仿佛刚才那一口不是我咬的。我可怜兮兮地说："阿南，我饿了。"

僵持了一秒，我便感觉到他的愤怒像一座马上要喷发的活火山，那双刚睡醒时蒙眬的眼睛里已然满是怒火，憋了半天，他咬着牙吐出两个字："神经！"便把头埋下。过了几秒，蓬着头发红着眼睛钻了出来，从桌下恶狠狠地塞给我一个牛角面包，毒毒地骂着，"上辈子欠你的！"

感受着手心里还有一些温度的面包，我小口小口咬着，小心翼翼地抬起头，便对上他满脸"恨不得一口吞了你"的崩溃状态。一如既往报以我自以为最灿烂的笑容，慈慈地冲他一笑，那板着的铁青面孔忍不住生动了。

然后，悲剧了——我重重挨了他一拳。

"苏小乖，也只有你能让我这样生不起气来，哭笑不得。"江南说。

071

还记得你最初的遇见

初识江南，也是一个午后。已记不清是第几次逃课，反正自习就是自习，我更情愿用这段时光补个觉，反正，我的存在与不存在，早已比一粒尘埃更微不足道了。

常去的天台依旧常去，报废的旧遮阳伞下却多了一个少年。我凑近看了一眼入侵者，心一惊，却还是神经大条地将他推了出去。

江南就这样被我惊醒，愣生生地从地上蹦了起来。阳光染红了少年错愕的脸庞，却明亮璀璨得让我移不开双目。

"同学，这是我的地盘。"我毫不客气地叫嚣着，心却因为方才的愣神而漏跳一拍。

"你……道歉！"少年涨红了本就微红的双颊，怒气十足的声音倒也分外好听。

我嫣然一笑。道歉？在这一所成绩出众却也风气极差的中学，道歉显然是一个过分奢侈的词语，每个人的傲骨都像大头钢针一般直硬。我好笑地看着这张萌系却又陌生的面孔，歪着脑袋问道："我就是不道歉，你还会打我不成？"

"喂，你是女生，又不是无赖。"少年明显多了一丝厌恶与不屑，却还是说着，"而且，我从来不打女人。"

"是吗……"我像是失去灵魂的木偶一样，失神地呢喃。往事历历在目：男人的粗喘、女人吃痛的尖叫、皮带鞭打在身体上的声音……像刺刀一样精准地扎在心脏上。我想，倘若有人看到天字一号女无赖是这样如纸苍白的面色，应该会笑掉大牙吧。

面前扇过一阵风，少年修长的手掌在我的面前晃了晃。抬眼，那好看的眉宇间多了一些焦虑与不安，却是这样动人地直抵我心底最柔软的地方。我眨巴眼，把不争气的眼泪逼了回去。

少年像明白了什么，静静地和我一起并肩窝在了遮阳伞下，默契地一言不发，倒也不觉得尴尬。

许久，还是我先开口，头一回有些扭捏地说了一句："谢谢你，我现在好过多了……那个，以前怎么没见过你，你叫什么？"

带着热气的风吹散了我的声音，像打在菩提叶上的阳光一样虚无缥缈，却也送来了少年轻轻吐出的音节，带着轻描淡写的书香气息。他说，江南。

让我想起了许久以前，母亲着一身旗袍，端庄地坐在书桌前，母亲的手翻过带着书香的卷子，那一个个墨染的字迹，像眼前这个少年的样貌一般，素白衬衣，干净瘦高。

"你呢？"少年的声音尚带着稚气，干净得像淌过的山泉。

那仿佛是母亲离开后，我第一次认认真真回答一个人的问题，认真到想把心掏出来给他看。

春末夏初，樱桃刚上市的时节，无赖苏小乖认识了转学生江南，而那，也只是邂逅。

江南转来我们班时，被老班分配为我的同桌。

让我没想到的是，这个上课睡觉比我还勤的懒虫竟然门门功课是第一，这让每一次都交着千涂万改卷子的我郁闷了。这言情剧里长得人模人样上课一觉天亮的完美男主角竟然还真变态！

老天爷，你还是一道雷劈死我吧，或者……劈死这个不是人的变态。我祷告时，旁边睡得正香的江同学依旧安详。

笨蛋也有笨蛋的执着

午饭时候，江南打饭买菜，而我负责优哉游哉地打汤，飘过……

说实话，我第一次见到有人比我还无赖，那比城墙还厚的脸皮，呃……好吧，说白了就是他死黏着我，当我还疑惑我们除了上课同桌异梦之外，也没什么共同的兴趣爱好时，一个鲜活的人影插队在江南的身后，那张画得巨大的血盆大口，让我一眼认出是高三的大姐大白玥。

虽然隔太远听不见他们的交谈，却从白玥的笑脸中看到了轻浮，我直勾勾地盯着江南，生怕从那张冷漠的脸上看到动容。不知道为什么，头一回连心都揪成一团，好害怕会这么直接失去他。

我承认，从那个少年会静默地待在我身边起，我对他的态度便直接从好感跨越到了另一个境界，一个从来没有人到达过的地方，那里窄窄的，只放得下少年一个人。

一切都仿佛顺了我的心意，江南没有理会她的矫揉造作，端着买好的饭菜朝着我的位置走来。我装着什么也没看见的样子，往他碗里夹了菜，没心没肺地拿过碗，吃了起来。

如我所料，下午放学，在回宿舍的路上，我被堵在了墙角。

以白玥为首的几个女生穿着睡衣，在宿舍的走廊上朝我啐了口唾沫，白玥扳过我的下巴，卸了妆的脸庞那样丑陋地扭曲着："啧啧，倒还真是个狐狸胚子，苏小乖是吗？我呸，勾搭着江南，你配吗！"

我愤然扭转着头，吐了一口带腥味的唾沫，磨牙般地说着："你就不下贱吗？我起码比你干净，而你，还不配数落我！"

那对本就通红的眼睛更加丑恶，加在身上的拳脚越来越重。也不知过了多久，我才觉得那伙人走了，嗓子眼里涌上一股甜腥味，我忍着恶心咽了下去，左肋骨疼得快让我窒息了，全身的骨头也散架了似的。待了一会儿，我摇晃着支起身体，朝校医院走去。

来到那亮着微弱灯光的房间门口，浓重的消毒水味扑鼻而来，隐约中看到江南熟悉的身影。我一惊，匆匆转身，却一个趔趄沉沉地摔了下去。

身下没有冰冷的地面，而是一个柔软的怀抱。我费力把眼睁开一条缝，少年急切的面容在最后的意识里深刻，然后，眼前死寂得发黑，是雷雨前沉闷的空气。

暗夜里，只记得那耳旁呼呼的风声，蜷缩在灼热的怀抱，让我眷恋得想赖一辈子。

"笨蛋，怎么会伤成这样！"少年的声音和急速的风声搅在一起，恍惚至极。

我想要回答他，却也只是轻轻嚅动了唇角，再也无力扯出一个笑。

"笨蛋，你不要吓我！"江南的面色苍白了许多，横抱着我的身体，走得更快些，声音都颤抖起来，"千万不要有事儿啊，我们去医院！小乖，苏小乖！你先答应我，不要睡呀！"

眼皮好沉，我真的是要死了吗？那我死之前，该可以实现什么遗愿吧。我凑上少年的鬓角，轻轻地吐出："我……喜欢……你，是真的。"

少年抱着我身体的手一僵，我隐约看到那紧抿的唇线划开一道优美的弧度，便虚弱地闭上了眼睛，没有力量醒着。

是的，女无赖苏小乖，第一次开口，她说，喜欢，对着少年，认认真真，即使是没长脑子，她也有一双眼睛，一颗还会挣扎的心，谁对谁好，又不是不知道。

也许我该把爱解释明白

很不幸的是，我没有死，而算得上幸运的是，我只受了轻伤。

此时此刻，我吊儿郎当地躺在病床上，看着《成龙历险记》，举着一根香蕉，而江南则捧着一碗热粥，苦口婆心地劝着。

"乖，张口。""对，再来一口。""笨蛋，脸上粘米啦！""好啦好啦，最后一口。"少年细心地擦拭着我嘴边的残余。金色的阳光淡淡地洒在他的头发上，俊美得仿佛不食人间烟火。

在医院休养了半个月，今天是立秋，不知道学校的大菩提树是否能常绿，也不清楚眼前的少年是不是能够把时间定格在这一刻。

或许，该说总得说，该面对的，早晚要面对。我突然亮起了眼睛，盯着少年的眼睛，幽幽地冒出了一句："阿南，还记得我那天说过的话吗？"

"什么话？"江南一脸疑惑。

"我……我说，那个，我……我那什么你……"我突然觉得脸颊滚烫，有些话哽在喉间说不出口，连自己都被吓到，什么时候学会难为情了。

少年就这样看着我，"扑哧"笑了出来，两颗洁白如贝的小虎牙，双颊深陷两个醉人的酒窝："嗯，你说，你喜欢我。"江南毫不在意脱口而出。报复，赤裸裸的报复，你存心的吧。

我猛地把头埋进被子里，过了几秒，又钻了出来，顶着鸡窝头，大吼着："是啊是啊，就是这样！"

"很好，笨蛋，你终于开窍了。"江南蹂躏着我的脸，痞痞地笑笑，"苏小乖，说你笨还真不过分。"

什么跟什么嘛，又说我笨。我不满地瞪着少年，他调皮地吐了一下舌头，躲闪着我杀人不偿命的目光。我凝望着天边飘过的云彩，许久才开口，连嗓音都低沉沙哑，仿佛沉寂了百年的沙漏，在流尽最后的沙粒时，我说："阿南，你过来，我给你讲个故事。"

只是一个故事。

女孩儿的母亲是被人包养的情妇，在万千辱骂中，母亲含辛茹苦地拉扯女孩儿长大，并告诉她要做一个正直的人。女孩儿很乖，很听话，很懂事，很努力地读书。她明白，即使再恨那个酒气熏天的男人，但毕竟和他流着相同的血液，那是母亲深爱着的人。

直到有一天，他又醉了，鞭子打在母亲裸露的身体上，皮带像小蛇一样游动，母亲吐出一口殷红的血，模糊了女孩儿的双眼。女孩儿吓坏了，而男人也慌了，停止了暴虐，把母亲送到了医院。路上，半清醒的母亲一口口呕着鲜血，紧紧拉着女孩儿的手，虚弱地说："小乖，要听爸爸的话，如果难过得想哭……就吃一颗糖吧……这样……这样的眼泪便会是甜的……"女孩儿沙哑地叫着，而母亲却因为肝癌晚期永远没有再睁开眼睛。

本来乖乖的女孩儿呆了，像失忆了一样，渐渐地，把柔顺的长发剪去，把甜甜的娃娃裙换成了宽大的破T恤，变得邋遢、脏兮兮，不再有人管教，成绩也下跌了。

其实女孩儿缺的，只是一个关心她、蹲在她身边问她"为什么不乖了"的人。

但是，只有遗忘。

这个女孩儿就是我，苏小乖。说完，我平静地看着江南。他蹙紧了眉，紧抿了唇，在我讲述时，不曾说一句话，始终如一的神情。我真的好怕，怕他一开口，便碎了我的故作坚强。

"笨蛋！"他隐忍了半天，才吐出这两个常说的字，却透着满当当的心疼，"难过就哭出来嘛，你就算要颓废，也要先征求我的同意，你是把我当死人了吗？"少年紧紧拥着我发抖的身体，嗔怪着。

"不是还有我陪你吗，现在开始，我可以陪你一辈子，免得你这个笨蛋傻傻地再把自己弄伤了。"

真好，幸福带着我绕了圈，始终有个原点，我们的日子很长，可以等到铁树开花，枯木发芽，就像佛家有云：本来无一物，何处惹尘埃。

第七个女孩儿

影子男孩儿

冯　瑜

1

如果你得知一个女孩子，希望认识一个男孩子，希望每天都可以和他说上几句话，希望时不时可以和他一起吃饭、写作业或者逛街，希望可以安静地坐在他身边……那么，你可能会觉得，出现了以下这几种情况：

1．他的长相符合这个女孩子的审美观念（所谓情人眼里出西施）；

2．他热情开朗又十分健谈，因而很受大家欢迎（说白了就是男女通吃）；

3．她一下子就看上他了（此学名为"一见钟情"）。

但子杭之于伶儿并不属于这一类的男生。只因他符合了她心中对"完美男生"的构想，她才会有以上的各种"希望"。

男孩儿有麦子般健康的肤色，有一双清澈明亮的眸子，不够帅气，却棱角分明，没有体育艺术方面的特长，但喜欢运动，还能凑合着画出一些很可爱的Q版原创人物。在他人眼里，这样的男生与"完美"二字不沾边，他不够出众也不优秀，更别提引来大部分人的目光了，但这样的男孩儿，就是伶儿希望遇见、并与之成为好朋友的男孩儿。

她在QQ上告诉我这些的时候，我一边疑惑不解地敲下一段文字，一边惦记着我正在煮的冰糖雪梨。有时候，觉得自己特别了不起，煮糖水、上网两不误，有时候又觉得这不过是大学生活的某个再平常不过的小插曲。

我说："你只是想有一个这样的朋友，而不是一个这样的男朋友？"

"是啊。"她很快就给予我答复，"我也说不出来为什么会这样，只是单纯地想和这样的男生待在一起。只要待在一起就会有春暖花开的感觉。"

彼时我正想再问，这样的男孩儿哪儿找啊？眼看水开了，敲下"哦哦"便草草了事，赶紧去照看自己的"劳动成果"。

当我回到电脑前的时候，手边多了一个盛着冰糖雪梨糖水的饭盒。而屏幕上出现的则是伶儿发过来的一连串文字，大意是说——

这样的男孩儿就是被她找到了，在阳光明媚的早上相遇，经过同桌介绍相识，因两个人目的地一样而同行，因此萌生名为"相知"的情愫。更富有浪漫气息的是，两个人的默契——一个人想说的话，往往被另一个人抢先一步说出，一个人道出的后半句话，往往被另一个人接上，然后有了"异口同声"的心有灵犀。

作为一个二十出头的"大龄女孩儿"，我打心底里羡慕她身边有一个这样的男孩儿，也许是因为我在大学校园混得不咋地，也许是我像她这么大的时候，我的青春不是埋葬在题海里，就是死在文档中，也许是一把年纪了多少还是残留点儿少女情怀吧……不管怎样，我觉得这样的生活适合用"青春"来命名。

可是，这份青春不属于我。不管是曾经的我，还是现在的我。

2

伶儿是我通过QQ认识的吉林姑娘，记得自己刚开始玩QQ的时候，就觉得QQ是一个很神奇的东西，天南地北、从未谋面的人却可以无拘无束地畅所欲言。

我们像所有认识了一段时间的网友那样，开始向对方讲述自己的生活，尽管更多的时候，我都充当着听众的角色。这是一种很矛盾的心理，我是一个喜欢用文字表达自己的人，甚至愿意与不认识的人一同分享，却不愿意给身边的人讲述自己的文字和自己的生活。因此，不管我对这个姑娘存在着多少好感，她所知道的，大概就是我是一个在广东念书的大姐姐，喜欢写一些文字自娱自乐。

于是作为倾听者，便听到了伶儿和子杭的故事。往后的情节，用伶儿的话来说就是"像小说情节一样的故事"。但她至此便欲言又止了，我不好追问，只能等她有心情之后继续说下去。

在等待"像小说情节一样的故事"的同时，我的生活也在继续，总觉得有很多事情为之忙碌，又似乎没有什么东西是真正必须完成的——包括专业书在内的书籍，并不是在某一个时间段之内非看完不可，就算从图书馆借来的书籍也是如此，大不了还了之后再借就是。没有哪一篇文章非得完成，没写完就不要交吧，反正没被专栏"绑架"。摄影构图技巧之类的东西纯属个人爱好，爱学不学，不摆弄也没关系。真的非得完成的，也许除了上课之外便没别的事情了。

正当我没头没脑地忙活着的时候，无意中听到高中同学小凤和一个男生讲电话，出于好朋友的八卦和大学女生的无聊，她被我调侃是难免的事情。一番软硬兼施之后，她告诉我，那个男孩儿是她在网上认识的，比她小两三岁，他们一直以姐弟相称，由于聊得挺好，所以交换了电话号码。

"听说那孩子来广州了呢，还约我出去见面来着，我正在犹豫要不要去见见他……”她喜欢把所有比她年纪小的人称作"孩子"，为此我多次说她像个饱经沧桑的老太婆。

"不太好吧？"我说。我总觉得网络是一个神奇但没有安全感的媒介。它把两个人联系起来，却不能给予我现实生活的真实质感。

"人家从吉林大老远地跑来……不见的话，会不会不好？"

"探亲呢，还是旅游呢？"

"工作啊。"

她还告诉我，他爱说顺口溜儿，爱看小说，爱听音乐，爱跳舞，家庭情况好像不是很好，还有一个年幼的弟弟需要照顾，初三曾经休学了一段时间，出来打工什么的……很勤快的一个少年。

听罢我就不说话了，虽说我从几百公里外的家乡来到广州，多少有点儿离乡背井的感觉，但自己是祖辈都生活在这片土地的"土生土长的广东人"，加之是为了念书而来到这里的，很难理解一个从大老远的吉林跑来广州找工作的十几岁男孩儿，对于这个城市和他的人生，这一场长途跋涉到底意味着什么，又会给他带来什么？

"怎么不说话了？"小凤问道。

"没啥，不知道说啥，就啥也没法说了……你说我应该说啥呢？是吧。"

小凤笑了笑，然后吐出两个字："傻气！"

又有一回，出于好奇，无意中问起那个少年的名字。小凤晃了晃脑袋，只说对方告诉她，叫"小杭"就好。她就一直这样叫他了，真实姓名也没有细问。

"你有空问问他呗。"我说。心理则嘀咕着：难道小凤遇到的小杭就是伶儿跟我说的子杭不成？！这样一想，突然觉得自己掉进了狗血电视剧的剧情里。

"初中的时候，他和他女朋友分分合合处了三年，他一直对她很好，很痴情，后来不知道怎么回事儿两个人就分手了。但是，某天他突然对我说，他以前的女朋友总缠着他，还请求我暂时假装成他现在的女朋友，打发了她。

"朋友有难，拔刀相助，我考虑了一会儿便答应了他。没想到那个姑娘还真的相信了，以为我就是他的女朋友，她找到我的QQ号码想加我为好友，那时候我有些傻了，我们怎么可能成为好友呢？但又觉得其实更傻的是腾讯，加一下QQ就能够成为好友了吗？

"老实说那女生还真的挺烦人的，老找我，弄得我只能躲着她，幸好她不是我们学校的，但这已经够呛啦。那段时间，我每次回家都要小心翼翼地，唯恐她看见我，更害怕她知道我家的住址，找上门来的话就麻烦了。

"最后我是真的被弄烦了，不再继续装他的女朋友，他只好向前任坦白，不过后来两个人还是没有在一起。"

伶儿给我发来一大堆文字的时候，我手上依旧捧着一碗冰糖雪梨糖水。我当然不是喝这东西上瘾了，上一回是图好玩儿才煮的，这回是因为咽喉发炎，声音沙哑得几乎连话都说不出来，再不吃点儿清热润肺的东西，真就得进医院看看了。

我也不知道喉咙发炎会不会影响大脑运转，总之，我没头没脑地问了几个问题："他是不是爱说顺口溜儿，爱看小说，爱听音乐，爱跳舞，家庭情况好像不是很好，加上一个年幼的弟弟需要照顾，初三曾经休学了一段时间，出来打工什么的。是一个很勤快的少年……"

"爱看小说爱听音乐倒是真的，家里情况一般般吧，不过他真的有一个弟弟哦，你真神，这都知道！"

"后来他是不是来广州打工了啊？"

"后来他辍学了，原因和去向我就不晓得了。"

这句属于剧透的话一出，后面的讲述似乎没有多大意义了——她多次向他表明，她只想拥有一个像他这样的蓝颜知己，此外便没有别的意思了。但少年似乎为之而生气了，见他态度不好，她多少也有点儿不满，两个人便渐渐地疏远了。最后的结局就是他的辍学和两个人的不再联络。

"是不是有点儿像小说情节？"她问道，"要不你当作小说题材来写一篇文章吧。你看，我都把故事告诉你了，稿费什么的都归你。"

"啊？"我在电脑屏幕前惊呼道。

记得我刚刚开始学习写作不久，有一个曾经在杂志上发表过文字的男生问我："你有故事的话，可以告诉我哦，我会把它写成文字，说不定还能变成铅字。"那时候我就有一种把这个家伙灭了的冲动，然后在他奄奄一息之际告诉他：我们是同行！

因此，我从来不会拿别人的讲述来写故事，而是只写自己的故事，梳理自己的生活，这次的情况则有所不同，这是别人主动给我讲的，并且允许我把它写成文字。这样新鲜的体验对我来说是第一次，以至于那种跃跃欲试的感觉非常强烈。

我答应了。但没想到的是，这多少给我带来了一点儿困难。

怎么说呢？我也有一个很要好但不是男朋友的男性朋友，他的女朋友还是我介绍的，我们三个人的感情非常好，我也说不清楚刚开始的时候，我和他对彼此会不会有除了朋友之外的别的意思，而现在的情形是他们小两口正相亲相爱呢。套用童话书里的句子，就是"过上了美好的生活"。

我还曾经以此为原型写了一篇小说，那篇文章刊登之后，一个福建的女孩儿加我的QQ，开口就骂我是一个小偷。原来那篇文章里面讲述的故事，和她的生活经历太相似了。可我只是把我和我的他们作为故事的原型，再多少加点儿虚构的成分，没想到会与别人的生活经历如此相似。

"很像？"我有点儿难以置信。

"情节百分之八九十是一样的！"她说。

我没有剽窃的意思，本质上来讲，文章是我写的，但那段青春，不完全是我的，也不全是这个女孩儿的。因为，故事本身是拥有生命的，亦如每段青春都因不同而灿烂一样，而我，不过是碰巧撞上这个故事和遇到那一刻的灿烂。

总之，这一切的结果是，因为我对伶儿的故事没有切身体会，整篇文章几乎是写一段删除几句，一个星期下来，文档里的字数才勉强突破四位数。

4

正在我为了文章进度的停滞不前而郁闷不已的时候，小凤打来电话说小杭来了我们学校。

我一听就傻了，赶紧问："人家找你来了？"

"不知道啊。他人就在篮球场边上。"她声音里带着急切，"我只告诉了他我的学校和专业，可我们都没有给对方发过照片，他大概不知道我长什么样吧……"

我一时也想不出来应该如何是好，便一溜烟地往楼下跑，当我到了篮球场边上，便有点儿蒙了，这里历来是学校人多的地方，我又不知道人家长什么样，怎么知道哪个是他？

接下来发生的事情，当然是我没有见到那个叫作"小杭"的男生，小凤连宿舍的大门都没有踏出，谁知后来这丫头告诉我，小杭是耍她的，他根本也没有来我们学校。碍于面子问题，我没有告诉她，为了看看这是一个怎样的男孩儿，我从八楼的宿舍一路飞奔而下，期间差点儿踩空而摔下楼梯。

事后一想，我不曾出现在他的生命中，为何如此希望与他见上一面呢？只是想看看他长成什么样子吗？还是告诉他伶儿在吉林等他？

（其实我更不知道的是，人家姑娘是不是在等他，又为什么要等他。）还是说，唐突地跑到他面前，说我知道他以前的事情？又或许，我只是单纯地想知道关于他的更多的事情？

在此后的日子里，我没有再听说过小杭来我们学校的消息。小凤忙着考她的英语四级证书，整天在学校与新东方培训班之间来回奔跑，没空给我讲关于小杭的更多事情，而我自己也在为专业证书忙碌，阅读、写作和摄影都没空搭理了。

但是，不搭理并不代表抛到九霄云外，伶儿问起那篇文章写得怎样的时候，我如实地告诉她，文章的进度依旧停留在千字左右的开头部分。

后半句没有说出来，自己却心知肚明：这和我对整个故事没有多少感觉脱不了关系，这是她的青春，不是我的。我的青春如同没有丝毫涟漪的湖水，缺乏故事性，更别谈戏剧性了。

最后我问她："你在整件事情里，最想表达的是什么？"

"对友谊失去的惋惜啊，我真的很希望身边有一个这样的蓝颜。"

我一直纠结着这句话，毕竟这是她的故事，她的青春，就算以我的笔端记录，这一切也只属于她一个人，我想还原年华最初的模样，可我不是当事人而是局外人。在我看来，这一切有着对友谊逝去的不舍，而更多的，是对曾经的怀念。

也许正处于高中的她还不能完全理解，对一个人或者一件事的不舍，更多的时候源于对年华的依恋，不是某个人或者某件事多么让人难以忘记，而是因为，当年的自己如此年轻。

"我记得你，因为你出现在我最美的年华里。"

这是很久之前，我在某一本书上看到过的文字。

5

不是所有曾经在最美丽的年华里出现过的人都会被惦记，更不是所有人都有心思惦记那些曾经出现过的人。

当我好不容易把考证的事准备得差不多时，又想起了那篇答应要写但只写了一个开头的文章，我想知道关于他的更多的事情——比如，那个像影子一样在屏幕和电话里"出现"的少年现在还好吗？

没想到的是，我向小夙问及小杭的事，她一脸茫然地问我："有这么一个男孩子吗？"我把之前的事说了一遍之后，她哈哈地笑了起来，"我认识的网友那么多，哪里还记得啊！"

我无奈地笑了笑，也对，这家伙最近在网上勾搭上了中山大学的一个高富帅，哪有空管什么少年不少年的事儿。

正在纳闷之际，她没头没脑地冒出一句："学校的紫荆花凋谢了。"

"是啊。"我一边说着，一边头也不回地转身往宿舍走，回到宿舍，立刻掏出手机打电话回家说："爸，阿杭不见了，我毕业不想留在广东发展。"

少年不问叛逆时

有小时候，常常渴望自己快点儿长到十八岁，其实不知道这是个怎么样的年龄，却一直翘首期盼。只因为"成年"两字是那般有吸引力，甚至有点儿神圣不可侵犯的感觉。

岂料，那不过是一个微不足道的数字，一个证明你活了多久的数字，真正的成长，也许需要花上一辈子的时间，去体会，去完成。

什么年纪看什么书

亚小诗

有一次跟母亲一起去亲戚家做客，亲戚家有个儿子，刚上小学不久，据说很聪明，个子小小的，却已经戴上了眼镜。亲戚当着我们的面，考儿子《水浒传》中一百单八将的外号，她说一个名字，儿子回答一个外号，对答如流。我母亲连连称赞他是小神童，他却神情淡定。看得出来，这种称赞他不是第一次听到，这种技能他也经常"表演"。他举手投足中有一种超出同龄人的稳健，他给我的感觉，像是成人灵魂寄居在幼小身体里的柯南。

后来他的母亲去了厨房做饭，他坐在沙发上跟我们一起看电视，我问他需不需要换台到动画片，他说不用，这也打消了我本来想替90后打探一下05后的童年看什么动画片的想法。于是我问出了我心中一直好奇的问题："你这么小就能看懂《水浒传》？你觉得好看吗？"

他说看不懂，不好看。

"那一百单八将怎么背的？"

"妈妈说要背，背出来了就会给我买iPad。"说完他指了指正在电视柜旁边充电的平板电脑，他似乎在表示我已经做到了，妈妈兑现了承诺。

我突然不知道再说什么好了，也不是抗拒家长给小孩儿物质奖励让小孩儿变得急功近利，只是，有点儿心疼眼前这个小朋友。在他这个年纪，应该是调皮捣蛋无所顾忌的，即便看书，也应该是看花花绿绿的卡通，他所接触的名著也顶多是格林童话什么的，而现在，他戴着厚厚的眼镜，在背诵着不属于他的一百单八将。

恍惚中，我想起了我自己的童年。

《红楼梦》是我在小学四年级看的，那时候好多字不认识，几乎每页都要翻字典。最终我像愚公移山般笨拙且坚强地把全书看完了，虽然觉得不好看，但只能在心里觉得，不能说出来，因为那时候，家长会在生活中跟亲朋好友吹嘘这个事，显得自己教育有方，我不能破坏他们的满足感。

初中看张爱龄，看林徽因，情情爱爱的，也是不懂，就是感觉每天似乎都很悲伤，抄一些虚无缥缈的句子在本子上，有空时读一读，觉得好美啊，好伤感啊，除此之外，似乎没别的。

现在想起来有些伤感，小学时大家都看的《淘气包马小跳》，中学时同学间传阅的《左耳》和《沙漏》，我通通没有看过，我看了很多家人觉得我应该看的，老师觉得我应该看的书，而不是我自己真正想看的书。而这些我没有看的书恰恰就是我那个年纪的记忆，许多人都有，而我是空白的。我现在大三了，我不可能回去看杨红樱、郑渊洁和饶雪漫了，我的同龄人依旧喜欢他们，因为他们承载着自己的回忆，而这样的回忆，我没有。我好羡慕拥有这些回忆的人。

高中毕业时，有本书很流行，同学们把它作为离别礼物送给好友，书名叫《十八岁前禁止涉足的十八个地方》。我也有一本，我承认它的内容很坑，只是几篇不专业的旅行游记介绍十几个景点而已，这本书最有味道的只是它的书名，仅此而已。为什么这些地方十八岁前禁止涉足呢？因为，你浅浅的、小小的内心，还不具有足以深入那些风景背后的力量，读懂那些地方，需要你也有如时光般的深度，需要你以行走的姿态接近灵魂，倾听来自内心深处的回响。

万里路和万卷书的道理是一样的，风景要时光的深度，阅读也同样需要。只有拥有了时光的深度，才更能领悟书本的内涵，得到相应的体会后，才能有共鸣。

列夫·托尔斯泰的《复活》是我在高一的时候看的，在当时，那也是我认为有点儿无趣的一本书，我不懂这个浪子回头拯救失足妇女的故事有什么好看的，不知道经典在哪里。

今年我大三，自己投了简历在某家单位谋了一份假期兼职，住在上海的亲戚家。周日的晚上，想着明天要早起上班就身心疲惫，万念俱灰。偶然在亲戚的书架上看到一本《复活》，随意地翻了翻想重温一下，当我看到开篇第一段的时候，我猝然感觉被什么击中了，写的是：

"花草树木也好，鸟雀昆虫也好，儿童也好，全都欢欢喜喜，生气蓬勃。唯独人，唯独成年人，却一直在自欺欺人，折磨自己，也折磨人。他们认为神圣而重要的，不是这春色迷人的早晨，不是上帝为造福众生所创造的人间的美，他们认为神圣而重要的，是他们自己发明的统治别人的种种手段。"

因为这段话，周一的早上，我欣然早起，呼吸着空气，道一声这迷人的早晨，便出门挤地铁了。

什么年纪就应该看什么书，你十岁的时候看不懂二十岁应该读的书，你到了二十岁，想看十岁时的书，也因为幼稚不愿拿起，而这不仅仅是书，是你的生活。

莞尔的2014年4月30日的午夜

武敬哲

高考就在眼前了。

一到晚上，就能看到莞尔在书桌前奋笔疾书，满纸都是立体几何什么的。这样的夜晚她早已经习惯，赶着作业，心里却不知道想些什么。有点儿烦躁，也有点儿无奈。这个时候，也是习惯地，会从抽屉里拿出日记。往前翻一翻，然后提笔写下今天的日记。

"2014年4月30日，回忆这种东西奇怪得很，在你眼中灿烂如珍珠的，在别人眼里说不定只是砂石。"

落笔之后，脑海空白，竟有些倦意。

倒计时三十天，曾几何时还是遥遥无期的高考如今已经迫在眉睫，此刻大家都在学习，放在高二，该是在睡梦中了。

"一腔热血勤珍重,洒去犹能化碧涛。"

每个高三的午夜，莞尔都是这么度过的。虽然显得那么的乏善可陈，但她始终相信，青春的旅途不可能一直是美好的，有些挣扎可以让你变得更加坚强，有些改变可以让你变得更有智慧。现在的努力和辛苦，是为了以后的美好。

所以高考的成绩出来，不好不坏，可以接受。她没有选择留在这个城市，没有选择留在父母身边，而是去他乡求学。

父母并不情愿，只是莞尔记得自己的梦。二十二岁，大学毕业，从事自己喜欢的行业，开一家小小的书店，可以过一个悠然惬意的下午。有一间属于自己的房子，不大，但是圆床温暖，灯光柔和。冰箱里塞满食物，枕边耳机、纸巾、夹子、镜子、手机伸手就能够到。

这一切，都需要自己去追寻。

大学里的第一个年头，高中的旧友、闺密联系愈少，但是每一次联系，都是那么开心。莞尔会在电话这头嘲笑闺密的西藏之行遥遥无期，会在QQ上鼓励朋友坚持理想不要放弃。大学开始了，青春也仿佛褪色了。

还有多少人在继续追寻自己的梦，她不知道。她只知道，真正的衰老始于放弃理想的那一刻。青春不是年华，而是一种心态，是坚忍的意志和炽热的情感在燃烧。犹记得，他在耳畔跟她说过："要么旅行，要么读书，身体和灵魂，必须有一个在路上。"

你会用脚步和文字去丈量世界的，对吧？

四年如白驹过隙，转瞬即逝。看着室友一个一个搬走，寝室空空荡荡的，像自己的内心。

莞尔有时会想，在过去的日子里，我收获了什么，为了我的梦，准备好了吗？

走出大学校门的那一刻，她接到一个电话。

"喂，你好。"

"莞尔啊，不记得我了？"

"你是？"

"我在云南。第一本书要出版了，你想看看吗？"

她记起来，他曾经对她说，自己写完第一本小说，会去云南一趟。走走停停，回自己居住的城市晃荡，一个人很多年。最后，只为，再遇见你。

"时光如琥珀，泪一滴滴被反锁，情书再不朽，也变成沙漏。"

他成了碧涛，而我却成了沙漏？

"嘟嘟……"

闹钟的铃声惊醒了莞尔，她依旧坐在书桌前。打开手机，收到了他的短信："数学作业除了一张卷子，就没了？"

"怎么会……"她敲着字，莞尔一笑。

卧室里灯光柔和，圆床温暖。

为了我们的梦，我们都还在奋斗。

午夜时分，晚安。

少年不问叛逆时

愈 之

高中的时候，总有许许多多的想法被笼罩在高考的阴影里，那会儿唯一想到的解决办法就是劝自己"到了大学就好了"，谁知昔日的情怀，昨天的承诺，只能成为历史，腐败在大学时光的边缘，然后被遗忘，被风干，成为永恒的幻想。

所谓"等到以后的某一天"，自然也就遥遥无期，演变为了一句仓促而苍白的谎言。

小时候，常常渴望自己快点儿长到十八岁，其实不知道这是个怎么样的年龄，却一直翘首期盼。只因为"成年"两字是那般有吸引力，甚至有点儿神圣不可侵犯的感觉。

岂料，那不过是一个微不足道的数字，一个证明你活了多久的数字，真正的成长，也许需要花上一辈子的时间，去体会，去完成。

记得高三的时候，阿一告诉我，只要到了大学，去了外地，妈妈就不能再管她了，妹妹也不会整天缠着她、烦着她，和她吵架了。她可以自由了。

那会儿，我们心中的自由就是"去一个遥远的城市，没有父母的管教，没有老师的唠叨"。然后我们开始幻想只属于大学的种种好处：不是全封闭式（我念的高中要凭校园卡出入）；除了饭堂之外，学校里还有各种小吃，用不着天未亮就起床；没课的时间，爱干吗干吗去……然后就可以如愿以偿地干一些如今被长辈们认为"不务正业"的事情——逛街、买衣服、读书、看电影……

谁知，如意以后，那个"自由"的概念却变得模糊不清。在束缚越来越少的地方，却怎么也不如往日积极，那些曾经想逛的街、想读的书、想看的电影，早已变得乏味，甚至不值一提。

与此同时，那个曾经喜欢写点儿文章自娱自乐的自己，喜欢看点儿闲书打发时间的自己，变得越来越懒散，整天坐在电脑前，面对空白的文档暗自伤神。那些想着"以后再写"的文章，在手机上存了中心或提纲，谁知一不小心按了"升级"，又碰上忘记备份这种事儿，早已发霉的记录成了被遗忘的灰烬。那些"以后再写"的稿子，变成了"以后再也不会写"的文章……

或许那些曾经想过的日子，曾经梦见过的生活，只能在年华里，用思念的方式去追忆。

念高三的时候，我常常被校门口等孩子放学的家长们误认是初中生。每次都弄得我爸抓狂："吃多点儿，你看人家初一的孩子都比你高出半个脑袋。"我尴尬地笑笑，不对事实做出评论。如今上了大学，则常常被别人误认为是高中生……

家里自然为此烦恼不已，说我怎么总也长不大似的。我却在心里偷着乐：像小女孩儿总比像阿姨强，是吧？

但我的年龄就在身份证上与我不离不弃，它从来不会帮我撒谎。就算我这张脸看起来像小学生，如今也踏在了"奔三"的路上了。

想起年龄来，多少是有几分伤感的，时光流转，年少何在？那些允许任性与轻狂的时光越来越少，那些安静度过的流年，是那般安分守己——没有离家出走，没有大吵大闹，没有打架闯祸，真的要说什么"叛逆"的事儿，恐怕就是夜里睡不着，偷偷起来看小说吧？不管隔天是否要上课，睡不着就起来。前提是做得鬼祟一些，一旦惊醒隔壁房间的爸妈，自然少不了挨一顿批评。这似乎是我年少时光难得的叛逆与轻狂。尽管预知第二天自己会顶着蒙眬睡眼去学校，夜里依旧无怨无悔。哎，似乎自己还没来得及看清楚青春的模样，岁月便悄然离去了。

于是上了大学之后，利用也许是最后的叛逆时光，瞒着家里，拿着省下来的生活费，利用两场期末考试的空闲时间（因为隔了一个周末，有几天又不用考试，时间比较充裕），和同学偷偷地从学校跑去厦门旅游。回来自然少不了受父母的一顿批评，却不像昔日的自己那样，会反驳，会顶撞，只是静静地听着，默默地点头，心里盘算着另一场"先斩后奏"的旅行……

与此同时，心里明白，这次和之后很多次的外出，都不会像大学之前的旅行一样，只为看看某处的风景而长途跋涉了。以后更多的，大概是行走与成长，观看与思考了吧。

在最后的狂欢之中，学习的是沉稳与淡定，勇敢与坚强。这一次外出，更多的是让那个胆怯的自己明白，其实我可以做到的，而且做得挺好。

可是，终究不是那个少年时的自己了，是吧？往外走，不正是想证明，一个人的成长和走过的路是对等的。只有走过，经历过，才能与更好的自己相遇。

或许某一天长大了的自己会像家长一样责怪现在的自己，是那么不懂得体谅父母的担忧。又或许，会感谢今天的自己，为日后留下美好的记忆的同时，也让自己更快地长大吧？

毕竟，不管容颜如何，时光都不允许倒流了。而那场如白驹过隙的梦境还没开始，晨曦已经照进屋子，蒙眬的睡眼向来是逃不过朝阳温暖的光芒的。

年少时代是从初中开始，到高三结束？还是到十八岁终止呢？我对这些麻烦的概念向来没有什么研究，似乎也没有深究的必要。

只是席慕蓉那首叫作《青春》的小诗，多少有点儿令我难以忘怀——

　　所有的结局都已写好

　　所有的泪水也都已启程

　　却忽然忘了是怎么样的一个开始

　　在那个古老的不再回来的夏日

　　我想，如果可以，请不要等待，请勇敢一点儿，请在还没有结束之前，带着泪水启程吧，哪怕不尽如人意，至少疯狂了一把，叛逆了一回。毕竟时光匆忙，路途遥远，以后要做的事情实在太多，或许无法顾及今天的梦想了吧。

在手机欠费的日子里

蒋一初

很多天没收到短信了，总觉得手机在震动，去看看，没有。

终于坐不住了，打了10010查询，里面的美女告诉我，我的余额为负六元。

一般手机费都是妈妈在网上帮我缴的，但是这次话费用得太快了点儿，前段时间领了稿费，但是这鬼天气太热了，宅在家里就不想动了。

所以手机就一直停机在那里，慢慢被我遗忘。

早上要陪妈妈去医院开药，等的时间会很长，有了手机还怕时间消磨不掉吗？但是准备出门才反应过来手机欠费了。

想了想，去房间拿了一个小册子放在口袋里面，填补了原本手机的那个位置。

妈妈去医生办公室，我在外面坐着等她，拿出小册子，上面写着：高中英语。我开始背单词。我这脑子不知道怎么长的，随着年纪的增长记忆力越来越差，单词总是记不住，听写总是挂。我背着以前都背过的单词，竟然一点儿罪恶感都没有，我有点儿佩服我自己了。

过了一段时间，妈妈出来看看我："咦？这是什么？"

我敢肯定我妈没见过这么迷你的单词册，而且她可能以为我在看口袋漫画，她心里或许还有一丝丝抓到我看漫画的喜悦。我把单词册拿给她看，也许是我的姿势不对，太像做坏事了。

"哎呀，真乖！"妈妈一脸惊喜。

难道我以前那么不勤奋？只是背背单词而已，老妈就那么惊讶……

下午爸妈都上班去了，我在家里写作业。一个人在家的时候我不看电视，也不玩儿电脑，是真的在写作业。只是坐在写字台前手机总是在手上……现在好了，终于能安安心心写作业了。

手机依旧躺在茶几上，很久没有动过了。或许会有人打电话给我，只听到了电话里的美女说，已停机。或许会有人发短信给我，但是在一直空空地等待。他们要告诉我的内容无非就是，今天我在街上看到了一条"古牧"，好萌！今天我买到了你喜欢吃的臭豆腐！这些无关紧要的小事情，不知道就不知道了吧。

现在我才发现生活可以这般宁静，一切外界的消息我都可以屏蔽掉，只安安静静地做自己。

那么，亲爱的手机，你就欠着费吧！

世界终于清静了！

099

对不起，我会好好爱你

缱 江

10:50

第四次月考成绩公布，我考了年级三十七名。

11:45

为了犒劳自己，去街角买了五元的水煮串儿抚慰自己奋战了一个月的大脑。

11:50

回到家里，一声"宝贝回来了"，你迅速抢过我手里的食物，狼吞虎咽地吃了几串儿，在把我最爱吃的虾饺消灭之前，我叫住了你。你悻悻地放下了杯子："少吃点儿，辣得我都受不了。"我摘下上了霜的眼镜，骄傲地从袋子里拿出成绩单，哼了声："看好了，以后就别那么多废话。"说罢，不屑地扭身走开。

"欸，我怎么没看到你在哪儿？"

"你不会往上瞅啊！"我没好气地说道，同时又带着些扬扬自得。

"哎呀，大宝贝！你高考要是这种成绩，重点大学没跑了。这周请你看电影去，这孩子太有出息了。"你忙着转回屋给爸爸打电话，眼角都溢着笑。

12:00

圆桌上摆着紫菜西红柿鸡蛋汤、清炒西兰花、胡萝卜炒荷兰豆，主食是米饭和姥姥做的剩下的煎饺。本来颜色鲜艳的午饭却让我不满。

听着你说："尝尝吧，这荷兰豆可贵了呢，我跑了好远才买到的。"你的目光里全是希望得到夸奖的光芒。

我却一撇嘴，狠狠地扔下筷子："这什么饭啊，连块肉都没有，这些菜哪个用得着费力气？"

"这不是你想吃的吗？你不是说西兰花天天吃都不够吗？"你莫名其妙地看着我。

我轻蔑地一笑，不觉提高了声音："天天吃也是会够的啊！汤只要把水倒锅里就行，西兰花放水里焯一下就好，饺子是姥姥做的，哪个用你费脑了。只要你一休息在家，就一睡觉睡一上午，能不能用点儿心给我做点儿饭啊？"

"你想吃点儿啥？牛肉炖萝卜？阿满的什么？我给你买。"你目光有点儿错愕，强挤出一点儿笑容。

"你就会买那些垃圾食品，那也用不着你做，就会糊弄我！"我用筷子拨弄着盘子里的菜，满是嫌弃。

你不说话，我看着你将我的成绩单坐在身下，尽管我知道你是无心的，但总觉着要撒口气出来，于是数落出你的种种："让你给我买双鞋，你就这事那事。给自己买皮衣两千多就有时间，给我买就没时间？"我将你给我买的雪地靴踢在一边，毫不给你解释的机会，"我都说了我不喜欢这种款式，你记不住啊？"

你低着头，玩着手指试图分散这难忍的低气压。我便更加嚣张："你天天除了打电话、发短信，就是聊QQ和睡觉，还天天贬低我。我不就几次考试失利吗？你用得着在同事面前哭吗？你有能耐你三十年都在银行做职员？你还像个当妈的吗？快算了吧！"

"你就当没我这个妈吧！"

"哼，我还想呢。"后来我才知道这句话有多伤你的心，而当时却脱口而出，"你把水煮串儿吃了吧，我忌口不能吃辣的。"我又说了许多你不愿提起的往事，汤已经变得冰冷，想吃的时候吃不到，到头来却像是被施舍。

你慢慢地吃着，好像辣椒呛到了嗓子，你低声吼道："你就当我死了吧。"你快步冲进卧室，狠狠地带上门。

那一刻，我吐露心声的快感全然尽失，只是在你还坐在我面前的时候，装作不可一世的盛气凌人。泪水无声滑落，我用咳嗽掩盖着哭泣的抽噎，吃完了以你的"溃逃"我的"完胜"作结的午饭。

12:15

我躺在床上，想听着音乐来忘却自己刚才的浑蛋。平时动感十足的音乐现在却显得格外嘈杂，摇滚的贝斯低音就像槌子一样叩击着我，问着我还有没有良心。

其实，我知道因为我初中三年的玩物丧志，让你东家西家地厚着脸皮给我借了几万元的学费。

我知道，你两千多元的工资根本没法买一件像样的衣服，我知道你的两千元里有每个月给姥姥五百元，有给我上大学攒的学费，有日常水电食宿费，有出于面子而必须给的"份子钱"……

我知道，你这个月因为给我交学校的补课费，日子过得拮据，却硬要给我过着"只买贵的，不买对的"的生活，硬在超市给我买最贵的特仑苏，买最早上市的水果，给我最多的零花钱，硬说自己不需要化妆品天生丽质，硬是不让我申请学校的助学金，说咱有骨气。

可是多少次，我看到你给自己中午带饭只装三块酥饼；看到开家长会时大多同龄家长妆容光鲜，而你眼窝深陷，黯淡无光；看到你上一件外套穿了三年，看到我给你买化妆品时，激动惊喜却数落我浪费；无数次向同事炫耀我孝顺。其实，我懂你的难。

12:40

想到你对我的好，我越发觉得自己太浑蛋。哭得双眼通红，我准备洗把脸换一个心情。冬天自来水彻骨的冷也许就像你被刺痛的心，我没有看见你的哭泣，却在吃饭时听到你故意压低的抽噎。你的心在滴血，你给予我无限的爱，却像石头扔进无底洞一样听不到回响。你不在乎，依旧默默付出着。

卧室里传出"走的时候别忘了带甘草片，肚子痛贴个暖贴，难受的时候给我打个电话我去接你……"你一件一件地唠叨着，我却觉得如此幸福，有你这样一个妈。

我心里愧疚，却装着冷声："给你打电话也不接，有什么用！"

"那不是业务多吗？行了啊宝贝，别找事儿了。"你走出来，给我装着水果，眼里却充满血丝，你哭了。"小祖宗，明天给你做红烧排骨。"你还叫我宝贝。

"我勉强吃一口吧。"我们一直开着玩笑，你说一定要等着上班和同事说自家孩子最优秀。

13:15

走出家门，我带着期望上路，午后阳光明媚。

你会容忍我的一切错误，就像蚌珠肯让粗沙侵蚀，只为珍珠璀璨，而我就是你壳中的那颗珍珠。

我没有勇气向你道歉，但我会好好努力。

若高考是你对我的最大期许，我便金榜题名回报你的爱。

在这里，我说一声：对不起，我会好好爱你。

握紧你的手心

倾城流年

晚上，我正在被填报高考志愿搞得焦头烂额的时候，中考结束就出去打工的你打电话回来了。你问我在干什么，我无奈地告诉了你。你说："不要填了，回来复读一年吧。"我说："你想得真容易，以为复读不要钱啊？"你告诉我不用担心钱的问题，你可以供我读书。我愣了几秒，然后问你考上高中的概率是多少。你说很少，本来就没抱什么期望的，反正读了都是浪费钱，不如不读。我无语，也不知道该怎样劝你才好。

我说你才十五岁很少有工厂肯收你的。你说你可以在打暑期工的工厂做长工。我说读书总是好的。你说我一个女孩子不读书出来就工作没有什么前途。我说你的体质那么弱恐怕熬不住。你说你可以的，你还很年轻不用怕。你让我不要在意选择复读别人会用什么样的眼光看我，你说复读一定要好好努力可不能再让你失望了。你说在学校要吃好睡好，营养一定要跟上。你说姐，真的不用担心我啊……

什么都是你说你说你说。我不知道应该说什么好了。心里满满的全是感动幸福和心疼心酸。你叫我怎么可以不担心你呢？那么懂事的你叫我如何放心得下？

也不知道是不是老天故意要和我们开个玩笑。明明我是姐姐，但从小到大总是你照顾我多些。每次生病家人不容分说地逼我吃药的时候，你都会拿出你珍藏了很久的糖果来引诱我，然后我就会乖乖就范；爬树的时候我爬不上去或者爬不下来，你就在树下托着我，安慰我说不怕不怕有你在；吃饭的时候我看到碗里有不喜欢吃的菜都会无声地看着你，然后你就会夹走它们；和爸爸妈妈吵架的时候无论是我对还是我错，你都会帮着我，有时你还偷偷地向爷爷奶奶告爸爸妈妈的状；做作业的时候你经常替爸爸妈妈监督我，有时还假装老师帮我检查；爸爸妈妈没空儿煮饭的时候你总会说终于轮到你这个大厨出马了，连洗碗也不用我做……

你说女孩子生来就是被宠爱的。你说我是你唯一的姐姐，你不疼我就没有人疼我了。你问我你是不是一个合格的弟弟，我心很疼，红了眼眶说当然合格啊，而且非常优秀！你撇撇嘴很开心地说不要骗你。我拍了一下你的头，佯装生气地说你竟然不相信我！你连忙道歉说肯定百分百相信我。我最亲爱的弟弟，其实不用你说我也知道无论以前、现在还是未来，你都是我最信任、最坚强的依靠。

妈妈说你刚刚会认人的时候就喜欢黏着我，我不陪你玩儿你就哭闹，不过你很少撒娇让我抱你。哈哈，小鬼这么小就会体贴姐姐了？后来你会走路了，村子里男孩儿比女孩儿多很多，你因为和我玩儿很少和他们玩儿，被他们笑话是我的跟屁虫。你不理他们，他们就找碴儿和你打架。我们每次和他们打完架被爸爸妈妈质问的时候你总是一个人承担所有责任。后来我们上学了，但你一直长不高，我经常想是不是我们上学的时候我经常叫你背我的原因。

我向你道歉说你长不高都是因为我。你翻了个白眼问我是不是怕你以后保护不了我。你信心满满地拍着胸脯说你很强壮的，保护我从来就不是问题。你说你其实舍不得以后我嫁人。你说我以后嫁不出去的话你养我……

你是一个很倔强的孩子。还记得你六年级的暑假瞒着我们偷偷地和同学搭车去广州花都打暑期工吗？你用去同学家里玩儿的理由来敷衍我们，直到你在工厂安定下来才告诉我们真相，把我们吓得半死，叫你回来你又不同意。然后你支支吾吾地问我是否能借钱给你应急，等你打工回来再还我。我哑然失笑了，你竟然说借！

我问你是怕欠我的吗？你说我一个女孩子什么时候都应该有钱防身啊，你说你还我钱是应该的，你说等你回来要带我去玩儿，带我去买衣服、买好吃好喝的。唉，傻弟弟，敢情你去打工是为了我吗？就算不是，你的那份无价的亲情也足以温暖我的一生，让我勇敢地走下去。

喏，我最最亲爱的弟弟，姐姐我今天在这里向你"表白"了。不要给我白眼和感动哦！我们一起走过了十五年的岁月分秒，以后无论我们在哪里就算天涯海角也要告诉对方啊！

成长路上有你，我真的很幸运，我就不言谢喽！

给阿钊的一封信

阮文星

阿钊：

给你写这封信的时候，我十九岁，离我二十岁生日还有一个星期，你十七岁，快成年了。寒假放假回家看到你的时候我都快认不出来了，你比我高那么多，看着你长出的胡须，我才想起，你已经不是那个爱哭鼻子的小屁孩儿了。

我常对你说："不要再非主流下去了，你不是那种帅得惊人的男生，清爽一点儿，不要留什么长发。"而你每次听完我的这些话却总是不屑一顾，你还是很叛逆，留长发，玩游戏，跟爸爸妈妈犟嘴，但是我一直都知道，其实你内心是很懂事的。你性格善良，会扶老人过马路，你还说你要出去打工，要爸爸妈妈过得好点儿。这些我都看在眼里，我一直都为有你这样的一个弟弟而骄傲。

阿钊，你今年十七了，别否定这个事实，千万不要拒绝成长，有胡须也是一件好事，有什么害羞的呢。有胡须就代表着你已经快长大了啊，不要不好意思，每个人都是这样的，你呀，要学会坦然面对。

阿钊，不知道怎么的，人越长大就越容易想起小时候的一些事情，我们从出生到现在几乎没怎么离开过彼此。在农村的小屋，我第一次目睹了一个生命的降临，而那个生命，就是你，我的亲弟弟。

你啊，还是总爱提小时候我打你的事情，你说，我现在不打你是因为我打不过你了，但是阿钊你知道吗？其实就算现在我有再大的能耐我也不会打你了，你是我弟，我不疼你，谁疼你呢？

你也许不记得了，小时候一个男生欺负你，我为了给你出头，跟他打了起来，结果我也被他打了一顿，一气之下我从家里拿出棍子追着他满街跑，最后他跑到家里躲了起来。于是，我对着他家的窗子砸了几下，从那以后，他就再也不敢欺负你了。

小时候的我真的好傻啊，你说是吧？可是，那么倔强、那么好强、那么凶狠，只是因为，小小的我，要保护年纪更小的你。

现在回想自己拿着棍子追着那个男生满街跑的样子，就好想笑，那时候我才九岁吧，真彪悍啊。我记得当时我是一边哭一边大叫："我要打死你，我要打死你。"后来那个男生啊，几年没敢跟我说话。

当然，我也打过你，而且还打得不少，我小学五年级的时候，喜欢上班里一个比我个子还矮的男生，我把这件事写在了日记上，后来全班都知道了，我以为是你偷看了我的日记，于是把你揍了一顿。你哭的样子我现在还记得，一想起来就心疼。现在真的好想把五年级那个不懂事的自己揪过来暴打一顿，替你出气。还有你读一年级的时候，我扭断了你买的迪迦奥特曼……

那时的我啊，就是个恶魔。

阿钊你知道吗？五年级那件事与你无关，那是我的一个好朋友告的密，后来我哭了好久，当年的日记本我现在还保存着。我对不起你。而一年级那件事我也写进了日记本里，我边哭边写，现在那些字都还在。我现在都还记得这些事情，因为每当回忆起这些，我都很愧疚。

我人在大学心里总是放不下你，你脾气不好，我总怕你跟老师吵架，怕你跟同学斗殴，怕你学坏，怕你被女孩儿骗。

你总说光头的姐姐嫁了个有钱人，给光头买了手机还有其他的许多东西，你说这些的时候总是似笑非笑地看着我。是的，姐姐将来可能嫁不了有钱人，但是，我会像爸爸妈妈那样去爱你。你记不记得很小的时候，买来的好吃的，我总是让给你，雨天我和你共撑一把伞，你的衣服一半是干的，但我的全湿了，我还帮你去开家长会，我还给你穿过小鞋子，我们还一起去照过大头贴，一起给小黑狗拔牙……阿钊，好多好多的事情你都不记得了，可是我都记得。

阿钊你有没有发现，你越来越高大，我却越来越矮小了：你比我高出了一个头，你的手臂、手掌、脚掌、脑袋都比我大了。是啊，你那个彪悍的姐姐一去不复返了，我再也不能帮你吓跑那些欺负你的小屁孩儿了，反倒是你，可以帮姐姐提行李了；我再也不能撑着伞送你上学帮你拿小书包了，反倒是你，可以帮姐姐开瓶盖儿、点蚊香什么的。姐姐终于不是你的对手了，你可以不花什么力气就把姐姐扛起来。

阿钊啊，你真的越长越大了，大到我可以骄傲地对那些小混混说："别惹我，不然我叫我弟收拾你。"你看你，一直都是我的骄傲吧。

阿钊啊，姐姐陪你一起长大。以后的日子，你和爸爸、妈妈都是姐姐强大的后盾，你快快长大，长大了，这个家我们一起撑。

爱你的姐姐

109

让我讲刘村花的故事给你听

茼

我和刘村花认识了整整十七年零三个月。

刘村花出生在一个贫穷的小农村，挨饿受冻的日子没少过，常常竖着脖子吃糙面吃得满脸是泪。所以她总是感叹："我们小时候啊，五岁就坐在小板凳上烧火了，现在的孩子，啧啧，蜜罐里泡大的哟。"

刘村花小时候像男孩子一样顽劣，很聪明但死活不学习，经常被老师拿戒尺打得手掌发麻。但上学时的刘村花也做过让人眼前一亮的事情，比如说她四年级时写了一篇很棒的作文，被老师当作范文念给全班同学听。"后来你姥爷就把一直珍藏的钢笔送给了我。"刘村花说起这件事时总是一脸得意。

但是，从那以后，刘村花便不去上学了。不是因为家里困难，而是刘村花觉得每天提个小菜篮和小伙伴们上山挖野菜比坐在教室里听老师讲课爽多了。

刘村花其实不叫刘村花，因为她越长越漂亮，被公认为村花，人们便不约而同地都叫她刘村花。于是刘村花便"理所当然"地接受了。

刘村花长到二十岁时，"村花"这个称号便更加名副其实了。两条又黑又粗的麻花辫搭在胸前，额前的几缕碎刘海儿把水灵灵的大眼睛衬托得更加动人，再加上那会儿她瘦得跟猴子似的，碎花布裙往身上一套，婀娜的身姿显得更美了。

村里的年轻小伙子都向她暗送秋波，表达爱慕，但都被刘村花一一婉拒了。众人不禁疑惑了，这刘村花眼光这么高，能把她娶走的人一定不一般吧？

结果却令人大跌眼镜，刘村花竟然和邻村的袁胖胖订了婚。"就他那身高，上我们家炕还得跳一下呢。"说起见袁胖胖的第一印象，刘村花总是一脸不屑。其实刘村花夸张了，袁胖胖只是因为胖才显得不太高。

袁胖胖工作稳定，有文化，家境也凑合，刘村花觉得靠谱，便暗许了芳心。此后两人异地恋长达一年之久，唯一的联络方式便是写信。据袁胖胖爆料，那段时间刘村花去村委会查找信件去得那叫一个勤啊！

我是在刘村花二十三岁时跑出来和刘村花以及袁胖胖见面的。说起我们相见的那个夜晚，刘村花总是一脸的悲痛："八点就露出头来了，十点才生下来，把我折磨得哟。"但是每年的生日，刘村花总是忘记痛苦，屁颠屁颠地给我买蛋糕，费尽心思炒一大桌子可口的菜。

或许是因为刘村花自己受的教育少，她对我的学习抓得特别紧。记得上小学时，刘村花每晚都听写我整本语文书上的生字，我写得手又酸又痛，但不敢抱怨，更不敢写错字，否则刘村花就会瞪着眼睛狠狠地骂。我始终非常害怕刘村花的眼睛，那双眼睛总能让我的谎言和心虚无处遁形。

刘村花也打过我，并且打得毫不留情。鞋底、扫帚都可以作为她打人的工具。一边打还一边骂，我总是哭得涕泗横流。但事后刘村花会哭得比我还惨，无比心疼地说："你这孩子，打你也不懂得跑。"刘村花却不允许别人打我，那次袁胖胖吹胡子瞪眼地要打我，刘村花二话没说，冲上去就掴了袁胖胖一巴掌。

现在刘村花已经不打我了，却时常被我气哭。我也早就原谅了小时她对我的种种粗鲁，那时年轻的她还没学会怎么做一个称职的好妈妈，就像现在我也没学会怎么做一个乖巧的好女儿。

刘村花是一个做事非常谨慎的人，别人家的孩子小时候都会发生

111

一点儿有惊无险的小事故，我从小到大却毫发未损。甚至到现在刘村花都不允许我自己一个人骑自行车去大街上晃荡。她还振振有词地说："走路多好，方便又锻炼身体。"

刘村花的细心总是能把人感动到哭。比如每次她来学校给我送饺子，总是拿棉服紧裹着保持温度，饭盒里还有用小塑料袋装的醋和辣椒油，有时甚至还放几根她自己腌的咸菜。

现在总感觉刘村花变得越来越像小孩子了，需要我的照顾。

袁胖胖去外地工作了，我在很远的地方上学，家里只剩下刘村花自己。刘村花一个人觉得孤单，每次和她讲电话，她总是带着哭腔，一问吃了啥饭，准是大米粥和白馒头，连咸菜都省了。我安慰她说星期天就回去看她，她才安心了点儿。

还有上次，我拿着自己赚的钱带刘村花去吃肯德基。刘村花一脸茫然地不知道该要什么，我帮她点好。吃的时候她又不小心将番茄酱弄到了脸上，我替她小心擦拭时，她脸红得像个手足无措的孩子。

现在是晚上十点，刘村花应该又开着电视，窝在沙发里睡着了。或许，她又忘了盖被子……

还好，有你陪我一起走

傻哈哈

她爱你，很爱很爱的那种爱

在她承受了人类所能承受的疼痛极限后，毅然决然地把生命给了我。

你僵硬着从护士手里接过我，没有经验的你不算温柔地把我抱在怀里。你一脸沉静，只是紧环着我的双手微微地颤抖。

以别扭的姿势被你紧紧拥住，闻着你身上浓烈的烟草味，我不舒服了，使劲儿地蹬着肉乎乎的小短腿儿，又一次从喉咙里发出响亮的哭声。

你呆呆地望着床上的女人，眼眸里尽是她平静的睡颜，满满的柔情从眼眶里溢了出来，不知濡湿了谁的脸。屈了膝，弯了腰，小心翼翼地把我放到女人无力的臂弯里，温柔地擦拭女人被汗浸湿的额发，哪怕是这种时候，你也不舍得惊醒了她。

你俯了身，在她的额间留下一吻，强忍悲痛嘶哑着说："我会照顾好她，放心走吧。"

转过头，在我的脸颊留下一吻，低声道："丫头，这是妈妈，记住，她爱你，很爱很爱的那种爱。"

露出无齿的笑容，我无法应答。

会哭的孩子有糖吃

在你又当爹又当娘的拉扯下，我没心没肺地长得又白又胖。

步入幼儿园前夕，由于李大嫂"人家打你一下你还人家十下"的畸形教育，没几天我便在幼儿园和小男孩儿打架被抓花了小脸蛋，惨兮兮地趴在你肩头哭得死去活来。

当你抓住那个把你家丫头抓花的小男孩儿，一看人家的脸简直都没有什么完好的地方时，再转头看看我的笑脸，你才知道，什么叫作会哭的孩子有糖吃……

"丫头，过来解释一下。"

我还没上前，被堵住的小男孩儿就受不住哭了，呜呜呜的才叫可怜兮兮，鼻涕一把眼泪一把地带着恐惧看着我。

我表示很无奈，傲娇地仰头对你说："我厉害吧？！"

你平静地吐出一个问题："丫头你昨天哭什么？"

我歪着头想了想："脸上疼，不漂亮了！"

你看了看我的小脸儿，有了强烈对比后真心觉得这点儿伤真的不算什么啊。"你昨天怎么没把话讲清楚？"

"那个时候我哭得真的太伤心了！"

我俯下身给受害者一颗糖，很诚恳地说："对不起啊。"

受害者那个不敢相信、那个害怕："呜……女王！你是女王可以了吧！"

我挺起小胸脯："乖！拿糖吧。"

小男孩儿大吼："啊……妈妈，我要妈妈，老师救我！"没命狂奔。

你震惊了，缓过神后，压抑的声音传来："陆瑾萱！"

我再没心没肺也知道你生气了，嗫嚅着，肉包子般的手藏到身后绞着。

你把糖放入衣袋，拿出一把指甲钳，低声说："伸过来。"

我眼泪打着圈圈，仿佛下一秒就能哭出声来。

你叹了口气，说："我家丫头要当公主，不是女王。"又抚了抚我的头，"你乖乖的，乖乖的好不好？"

"好……"

放心，就你，我还养得起

中学时代，我像个球一样噌噌噌地膨胀起来，大家都说你养了一头小肥猪。

你只是微笑，我却极度不爽了。

大年时，伯母带着漂亮的妹妹来，时不时地捏着我的肉："萱萱，你是不是瘦了？"又捏捏她家姑娘的小蛮腰，"哎哎，你看妹妹是胖了不少哈，真怕她嫁不出去。"

我的小宇宙燃烧了脂肪却还一坨一坨的！

隔天便对你握紧小肉拳吼道："陆先生我告诉你，你家丫头要绝食减肥！"

你从头到脚瞧过我一遍后，就不带走一片云彩地走了。

我内伤了，还想你劝劝我，那样我就找到借口放弃来着。锁门，绝食，减肥，抗议！

六小时后，我悄悄打开了我得衣柜，拿出上个月偷藏的饼干和糖果，在黑暗中坏坏地笑了。

十五小时后，你还是没叫我吃饭，眼泪流了出来，是不是你也不管我了？

后来的二十四小时中，我靠着私藏物活了下来，这个世界总会有奇迹发生的。

深更半夜时我被窸窸窣窣的声音吵醒，翻身看见一个黑影在衣柜前呆立不动，我知道，他怕我发现。我紧闭双眼装出熟睡的样子，眼角一片湿润，我不想拆穿。一分钟后又传出窸窸窣窣声。

第二天，我又在我的衣柜发现了我爱吃的饼干和糖果，可惜我不再需要，冲到你的面前，大吼："陆先生！你家丫头饿了，要吃肉！"

你瞬间笑了，起身去厨房。看我狼吞虎咽的样子，低声说了一句："想吃就吃，放心，就你，我还养得起。"

在我吃肉时能不能不要这么煽情，肉会变咸的！

世上最浪漫的事是陪你慢慢变老，我何德何能能让你变老换来我长大，陆先生，谢谢你！还好，有你陪我一起走。

盛夏光年

　　日子过得如同人工湖里的水藻般纠缠不清，每天浑浑噩噩，不知道要做些什么。看着黑板上那些白的、红的、蓝的英文字母，我一次又一次地安慰自己：我是中国人，不说外国话……

　　每天，我都活在一个又一个或忧伤或甜蜜的小说里，我希望有一天可以在布满铅字的书上看见自己的名字。每每这个时候，一边的小优总是无比欣慰地看着我，像娘亲一般的对我碎碎念个不停，而我则是顶着两片无比硕大的黑眼圈一脸无奈地看着她。

我停不下来

苏 安

相 处

阳光被教室的窗棂切割成规则的形状投在贴满标准答案的墙上，黑板上是满满的重难点、公式和习题。埋头于一摞书中间，笔杆飞舞如狂风中的落叶。

苏淮听得厌烦，从桌肚里拿出坏掉的活动铅笔一一修理，轻轻地嚼着一条"炫迈"。阳光把她细碎的头发染成深褐色，微风吹得她白色的裙角微扬，怎么看都是一幅青春洋溢的画面。

她抬头对我笑："根本停不下来啊。"然后看我抄笔记抄得一脸不耐烦，又低下头继续修笔。

一只小虫子停在我的笔记本上，小小的脚抓得很牢，吹不掉。于是我毫不犹豫地用水笔把它戳死，绿色的液体晕开来，把纸撕掉揉成一团。苏淮气鼓鼓地说："你不但蹂躏小动物，还浪费纸张啊！"我还她一个大大的白眼，这丫头的莫名其妙真是让我的气愤停不下来。

离　别

"你跟我去小兴安岭呗？"一个夏天早晨的英语课上，苏淮嚼着炫迈对我说。彼时我正对着一堆语法皱眉头，决绝地说了一句"不"。

再过两个星期就期末考了。我以为苏淮会把旅行的念头暂放，没想到她早买好了机票，要自行开启小兴安岭之旅。

我就要走了，别太想我哦。

发件人：淮　时间：2013年6月3日

我请假跑到机场，又打她的手机，只听到冰冷的女声不带感情地一直重复："您所拨打的用户已关机，请稍后再拨……"

装作不关心地说了句"谁稀罕想你啊"，又没有回应，热辣的空气把水分蒸发，泪还没流出来就泛在心海。

这孩子让人的担心真是停不下来。

119

薄　祭

作业写着写着就被抛进了黑暗。常在这种时候感到自己像个瞎子，感到窒息，仿佛看到有一张大网，毫不留情地笼罩着我停止挣扎的青春。这种感觉一直持续到有人开了台灯，然后我慢慢地刷牙、洗脸、睡觉。

"我不回来了。"

收到苏淮的明信片的时候我正在做一道因式分解，列了满满一页的a和b。明信片的正面是小兴安岭的苍翠林海。我以为另一面应是几句简单的问候，事实上她写的是：我不回来了。又像是怕我乱想一样，在末了调皮地加了一句："'炫迈'嚼多久，我就玩儿多久。"

梦里苏淮还是坐在我身边，桌上堆着一摞书，手里修着自动笔，嚼着一条炫迈对我说："根本停不下来啊。"

勉强撑着身子坐起来，窗外的风像开进高处隧道的旧火车轰轰作响。

苏淮，我对你的思念，也停不下来。

北　方

一整个上午都在猜苏淮在做什么。兴许在堆雪人，或是认真地写着一张明信片？

似乎也开始期盼北方了，期盼大片大片的雪山和林海，期盼华美的冰雕和憨厚的雪人，期盼乌苏里江的日出和黑龙江的水，期盼雪原的寒风吹痛我青春的眉骨。

独自一人回到宿舍，门却是没锁的。此时舍友们都还在吃饭，是遭贼了吗？

开门看见苏淮的东西一件不差地摆在她的位子上。她嚼着炫迈对我说："来，姐姐给你讲讲小兴安岭。"

我冲过去拥抱她，她叫我停。

我在她耳边说："对不起，我对你的爱，停不下来。"

我真羡慕你

青 鸟

第一次看到白森雨是在镇上一家水果店，她穿着一袭白色的裙子，正用流水洗着苹果，站在她旁边的大婶也就是我大姨，正向我和妈妈打招呼。白森雨抬起了头，我看见她轻轻咬了口苹果，也开心地冲我们挥挥手，妈妈轻轻推推我说："那是你姐姐，白森雨。"

从小到大，我一直觉得我算是很优秀的。可是看到白森雨我才发现，自己那些发光的优点瞬间都显得暗淡了。她连喝水的姿势都让我发慌，我跟她一起吃饭，她不停地给我夹菜，家人们不停地给她夹菜，吃了一口，我就哭了。妈妈拍了拍我的后背，尴尬地说："都多大了，还哭，怎么了？"我脸部抽搐地哼哼了句："我忘了我不能吃辣。"饭后，家人们去客厅聊天，白森雨一个人在厨房洗水果，乌黑的长发遮住了她的侧脸，她用手背擦了擦额头上的汗，拧住了水龙头，接着把水果分好。刚转身就看见了我，便笑着说："吃水果吧。"我吓了一跳，摇摇头，随手指了个方向说："我得回屋做功课。"

回到屋里，我想死的心都有了，我的拖鞋丢了一只，白森雨肯定不知道我此刻有多想揍扁她。

2003年的冬天，我和白森雨一起去图书馆，她穿着黑色的呢绒大衣，轻轻拍了拍我头上的雪花，边向着手心里呵气边问我："想好去哪所大学了吗？"

我抓了抓领子，脖子一缩不语。走了好久，我才回答："我想去C城读金融。"

她停下步伐，我瞥了一眼却发现她眼圈泛红，她低声说："我也想读大学。"

我与她仅仅两步之隔，可是我怎么也迈不动步子折回去安慰她两句。白森雨家庭并不富裕，她和大姨相依为命，水果店是唯一的收入来源。其实白森雨可以念书，家里人帮忙就可以。可是白森雨不这么认为，她抗拒很多东西。比如——钱。这或许就是她维护尊严的方式。更何况她成绩并不好，还不如坐在自家水果店卖水果，到一定年龄找个差不多的男人嫁出去。白森雨有美丽的外表，可她的生活并不美丽。

2004年6月，高考结束了。班里，同学都在彼此相拥，说一些离别之词。拿着两瓶酒左碰一下右碰一下，举杯同欢，我在桌上哭得最凶。因为班主任把这三年来我被没收的东西都还给了我。包括那块发霉的小馒头。我抱着老师，哇哇大哭。她最后推开我，也有点儿难过地说："看看你这三年，都干了些什么？"我吸了吸鼻子，又抱住了老师，哼唧了半天，大声说："学习！"

那天毕业晚会我居然喝醉了。我也不知道是怎么回的家，到了家，我看见有人坐在我的床上，我扶着墙刚想叫妈妈，就听见白森雨的声音悠悠传来，她说："这么晚才回来，毕业晚会这么感人啊！哭得脖子都红了。"

我使劲儿眨巴眨巴眼睛，冲她喊："你懂什么啊，我们这是毕业晚会，又不是家庭聚会，哭很正常。"她不再说话，而是从包里拿出一条手链，放到我的手心里。她说："你快要走了，我没什么可送你的，这条手链还算漂亮，送给你。"

我看着她，第一次把她当成一个姐姐看，我说："白森雨，其实我挺羡慕你的。"

白森雨忽然哭了，她哭的样子真奇怪，眼泪都没流过她的脸，而是直接流到我的手心里，把手心里的手链打湿。我想，她也很羡慕我吧。

我在C城读书的第一年，白森雨偶尔会给我打电话，我也会把大学里的故事讲给她听，在电话里听见她各种感叹，我就会窃喜她肯定很羡慕我。就这样，我迎来了我的第一个假期，坐在绿皮火车上，我无数地幻想这次与白森雨见面会是什么样子。这短短六个小时的行程，仿佛耗费了我所有的体力。

我回到家时，妈妈一把搂过我，直说又瘦了又瘦了，我撇撇嘴，问她白森雨哪去了。妈妈的眼神黯淡下来，喝了口凉水，轻描淡写地说："在A城了吧。"我有些不解，却也没再问什么。

隔天，我给白森雨打电话。电话里的她说："在没有被命运抓住之前，我想看看这个世界。"

大学三年读完之后，我决定考研。时间好像又回到了高中时每天拼命读书的日子，我又拿起了那支封存已久的碳素笔，在写每个字时都坚定有力。时间一久我又开始浮躁起来，当我烦躁到一刻都坐不住时，我就读起白森雨的短信。

"陈可，这个叫作口味虾。"

"陈可，太过分了，这个亭子还收费。"

今天我又收到白森雨的短信，她说："陈可，这个路灯的颜色真漂亮。"还附上了一张照片，照片中是笔直的公路，鲜亮的白漆一直向前伸展，黑暗中路灯淡黄色的灯光均匀地铺洒在路面上。我想象到灯光在白森雨黑亮的头发上泛起的光晕，暖暖的，像夕阳一样。

我会心一笑，回了一条："白森雨，我真羡慕你。"

每个人身边都有一个"蓝胖子"

琼雨海

第一次见到"蓝胖子"的场景极其戏剧化，想来竟与他的性格极为不符。

那天，我心情很不好，趴在座位上，望着灰色的天空，真想大哭一场。这时，老师带着他走进教室，他穿着一件蓝色T恤，胖胖的身体把好好的一件运动衫装得满满的，让我禁不住想笑。"大家好！我叫高博羽。"

他话音刚落，有人打趣说："是高老庄来的吧？"当时，我真怕这看起来老实巴交的"蓝胖子"不知道如何应付，会因此尴尬在那里，没想到他干净利落地说："对，就住在你岳父家隔壁。"

大家先是一愣，继而哄堂大笑，高博羽反应如此之快，还真让我不能小觑。

莫名地对他产生一种好感，我在心里默念："让他和我做同桌……"不知道是哪位神仙听到了我的祷告，老师果然让他坐在了我的旁边。

原本以为，我的同桌人如其名，不是"学霸"也应该属于"知识渊博"一类，后来他终于用实际行动告诉我，还是他的体型与他更加相配。于是，我便心安理得地叫他"蓝胖子"，他也欣然接受了。

话说，那天月考结束，我和班里的同学在对答案，他正好从门外进来，兴冲冲地说："你们说的选择题答案和我的一模一样，哦耶！没想到我的物理变得如此强。"

　　我"扑哧"一声喷了他一个满脸："拜托，蓝大哥，我们对的是化学。"蓝胖子一听，作晕状趴倒在课桌上，就像卷成了一堆肥肉。

　　果不其然，蓝胖子的物理考得很惨，发试卷那天，他吓得不敢抬头，生怕物理老师一看到他，话题会转到他身上。

　　"我就不明白了，这次考试的选择题这么简单，还有人不会。同样的老师，同样的课堂，差距怎么就那么大？"老师一边说，一边愤愤然看着大家。此时，教室里异常安静，老师似乎觉得这么说，还是不能触到我们的学习神经，于是，继续说："四十分的选择题，那么简单，简直是白送，可是有的人竟然得十分、二十分，拿到十分、二十分的统统把卷子重做！"

　　蓝胖子长舒一口气，悄声对我说："好险啊，我是八分。"

　　我还没来得及笑，只听物理老师说："高博羽，再把课本上所有的公式抄写十遍。"就这样，一个下午我都看到蓝胖子在埋头苦干，这是和他同桌以来，第一次这么长时间没听见他说一句话，也是第一次看到他这么沮丧。

　　那天下午，我一直陪他到很晚，我想我应该帮帮他了。

　　我通知蓝胖子，我要对他进行集训的时候，他对我鬼哭狼嚎，大喊"饶命"。可是，从这小子的眼神中，我看得出，他是非常乐意的。于是，我假装说："那就算了，本宫还乐得清静呢。"

　　蓝胖子赶紧扑过来，拉住我的胳膊说："娘娘饶命啊，奴才知错了。"

　　就这样，每天下午放学后，我对蓝胖子的辅导就开始了，以物理为主，其他功课针对当天学习的内容相应进行。

　　通过辅导，我发现，其实蓝胖子的底子还是不错的，初中的知识他学得很扎实。据他自己说，就是因为高中一个多学期没有听讲，整天昏头昏脑地混，结果就成现在这个样了。我问他，为什么那段时间突然不学习了。他竟一改往日的嬉皮笑脸，低头沉默着，吓得我赶紧转移话题，学下一项。

和蓝胖子在一起让我觉得很舒服，他总是不乏幽默。有时候，我们学得很闷了，他偶然冒出个句子来，就能让我笑上半天。

要不是那天下午的事儿，我想我和蓝胖子会一直这样开心下去。

那天，蓝胖子向我请假，连个事由都懒得解释，我想这么反常的他一定有问题，我决定一探究竟。我一路跟踪，他骑车拐进了一个胡同，停下车来，摸出打火机，勾着头，"啪"的一声点燃一根烟，火光便在昏暗中映照着他模糊的脸，那脸上竟写满了忧伤，一点儿也不像平时的蓝胖子。

我出现在他面前，他竟然一点儿都不惊讶，抽了一口烟，娴熟地吐了一个圈儿，我一把夺过来，自己也抽了一口，呛得我眼泪都快出来了，气得我把烟扔在地上，使劲儿踩了几脚。

"你知道我为什么和你坐在一起吗？"他突然说，不待我回答，他又自言自语地说，"上学的第一天，在路上我看到一个女孩儿在和自己的爸爸争吵，听内容我想这应该是一个和我同样不幸的孩子，如果我和她同班的话，我一定要让她每天都开心地笑。课间我看到了你，于是和老师说认识你，和你同桌能让我更好地适应环境。"

看着现在的蓝胖子，我觉得我是那么具有预见性，给表面阳光的他起了一个那么忧伤的名字。许久，他说："他们今天终于离了。"这个时候，我不敢看他，也不敢多说一句话，我知道此时的他一定是敏感又脆弱，就像看到了我自己。

那天我和蓝胖子，就这样有一搭无一搭地说到很晚，大多数时间都是沉默对着沉默，就像是一个可怜虫对着另一个可怜虫。

最后，蓝胖子说，忧伤只在这一晚，明天的太阳依然会升起。

可是，第二天我生病了，我不愿意待在家里，那个灰暗色调的地方，那儿只会让我的身体发霉。午休的时候，我毫不客气地让蓝胖子去给我买药。

许久，他气喘吁吁地给我买回了一包奥利奥，我含着泪说："我不是让你买白加黑感冒药吗？"他一脸讨好地说："对啊，这不就是白加黑吗？"

这时候，我的眼泪"唰"地一下就下来了，他慌了神，掏出了感冒药说："我这不是想先让你开心一下，顺便喂饱肚子么。没想到弄巧成拙，别哭别哭啊。"我终于破涕为笑，他那根紧张的神经才放松下来。

看着他那可爱的样子，我恍然发现，其实蓝胖子并不是那么愚笨，他很多时候装作傻乎乎的，只是想让他在乎的人开心而已。

我想，我应该很幸运，就是他在乎的人之一吧。

许多年后，我和蓝胖子上了不同的大学，可是每次打电话他都喜欢逗我一番。我的生活有了他，就像是平静的小池塘，在温雅的睡莲旁有几条调皮的红色金鱼，平添了许多生气。我想，每个人的身边都有"蓝胖子"的影子，他在乎你的欢乐和忧伤，用他的方式关心着你，于你而言这是一种莫大的幸福，且行且珍惜。

127

又是一个安静的午后，我收到一个包裹，是一个胖乎乎的"蓝精灵"，用蓝色的信笺写着：蓝胖子永伴你。

盛 夏 光 年

十 夜

小 幸 福

日子过得如同人工湖里的水藻般纠缠不清，每天浑浑噩噩，不知道要做些什么。看着黑板上那些白的、红的、蓝的英文字母，我一次又一次地安慰自己：我是中国人，不说外国话。

语文课上，在第N+1次给《中学生博览》砸稿却石沉大海后，我继续坚强无比地在那些素白的试卷背后写稿。身后的香橙大哥一脸鄙视地说道："这娃想钱想疯了吧……"当时，天知道我有多想狂扁他一顿，可是我却没有。

每天，我都活在一个又一个或忧伤或甜蜜的小说里，我希望有一天可以在布满铅字的书上看见自己的名字。每每这个时候，一边的小优总是无比欣慰地看着我，像娘亲一般的对我碎碎念个不停，而我则是顶着两片无比硕大的黑眼圈一脸无奈地看着她。

我说，那是信仰

终于，在老班如雷般的怒吼之下，我从容地抬起疲惫的脸。在看见我那两片硕大的黑眼圈之后，老班明显一愣，然后用一种近乎痛惜的语气说，"没事了，没事了。"下课后又把我叫到了办公室谈话，叫我注意休息，不要太劳累了。我惨淡地笑笑答道："好的，好的。"

回到座位，我懒洋洋地趴在课桌上看着面前的小优一脸咬牙切齿的模样，内心的小恶魔举着钢叉不停地狂笑。

"哎，我说默默，你屡投不中，还写它干吗？"小优慵懒地靠着我漫不经心地问道。我愣了愣，正在写作的笔在素白的纸张上勾画出一道极不和谐的黑线，抬起头，淡淡地笑道："因为，那是信仰……"

我陶醉在灰黑交错的线条里，没日没夜地写作，那些好的不好的，我沉浸其中，无法自拔。

小优说："默默你写了那么多，下一次把我也写进去吧。"

我吃吃地笑，一脸认真地说："一定会的。"

129

拒绝说教，享受就好

数日阴雨后，太阳公公再一次挂在天空中，照耀着我们这群小花小草。体育课上，我四仰八叉地躺在草坪上。

"啊……爽啊……"

在一旁的小优用一种极其鄙视的目光看着我的姿势，然后无奈地摇摇头："死默默，注意点儿你的形象不行吗？"说完还用力地踢了我一脚。

我翻了翻白眼，又撇撇嘴，以一种天不怕地不怕的语气说道："姐姐是90后，拒绝说教，享受就好。"

姐不下地狱，谁下地狱

初二的时光，有时像装在火箭上一样快得让我措手不及，有时又慢得可以和家门口的那只小蜗牛媲美。终于，在我盼星星盼月亮的等待中，某小编通知我的文可以登了，小优笑得一脸奸诈，抱着我的胳膊不停地甩啊甩，开始没日没夜地想象她的大餐。等到稿费拿来时，看着我手里的二十块钱，顿时，我们的思维都冻结了……

从那之后，小优开始发奋写文，看过的人都用一个"怂"字来评价，在之后的每一天，当我听见这个字的时候都会笑得花枝乱颤。

终于，在无数人的狂笑之下，小优开始威胁我帮她写文，否则以后再也不理我了。我好气又好笑地点头答应下来了，朋友们问我干吗要答应她啊，我苦笑道："姐不下地狱，谁下地狱啊？"

尾 声

日子依然从容不迫地过着，我依然每天守在电脑前等着某个小编在某天给我一个大大的惊喜，门口的那只名叫"悠悠"的小蜗牛依然缓慢而坚定地爬着。

我亲爱的小优，如果你看见这篇文的时候，千万别忘了我们的约定哦，你懂的。

听说友情比爱情更不易

水　雨

认识张莹莹的过程很简单。

张莹莹是我大学宿舍的室友，住进寝室当天晚上，她就拿着笔和纸要我们写下姓名和电话，我自觉姓名一般，没什么特点，磨蹭到最后才写。然后我记得张莹莹咧着嘴说了一句话："以后我们就是好室友了。"

现在回想起来才觉得这句话多么别有深意，张莹莹是个对你好就掏心掏肺的人，好室友她当之无愧，而我，顶多算是好室友里的一粒老鼠屎。

张莹莹是个特别热心的姑娘，开学那段时间经常停水，军训回来累死累活的，人人全身上下一股汗臭，想打开水龙头洗把脸都是一件拼人品的事儿。有一天清晨五六点，我被卫生间的水声吵醒，因为我睡觉特浅，我想是时候为寝室做贡献了，于是一骨碌爬起来跑到卫生间，推开门就看到我们的桶一字排开，莹莹在一边接水一边点着瞌睡头。听到响声，她抬起头对我略带歉意地笑笑："对不起啊，吵醒你了。"我一边摇头说没有，一边在心里把对莹莹的好感加倍。

和莹莹走得比较近主要有两个原因，第一，寝室其他两个妹子走得近，做什么事儿都在一起，久而久之，就剩我和莹莹一对了；第二，某天中午和莹莹回寝室，我发现我的丝瓜化妆水竟然在洗漱台上，瓶盖儿还没有盖。我从来都不会把护肤品放在洗漱台上的，而且，得傻到什么程度才能连瓶盖儿都忘记盖了啊，这不是明显让我抓赃了吗？虽然，那瓶丝瓜水只是淘宝十九块九包邮来的，但这有关道德，因此，我果断地向莹莹靠拢。

莹莹真的待我不薄，有一次学生会召集开会，下课后我连饭都来不及吃就屁颠屁颠地赶过去。开会中途，莹莹发来短信问我想吃什么，我马上回复麻辣味的泡面。例会结束后，我风一般地赶回宿舍，心里只惦记着那碗泡面。回到宿舍，泡面已经泡好，莹莹迎上来嘘寒问暖，泡面的热气氤氲，熏得我眼睛湿润润的。有时候回来晚了，晒在楼顶上的床单被套没收，"好室友"不但会帮我收起来，还会顺带帮我把床铺好。

换了新寝，曾经有段时间我问莹莹现状，她的回答让我很难受："还不是那样啊，她们说她们的，我做我的，刚开始还会不舒服，但是慢慢就习惯了。"我没法告诉她，我也是，新搬进的宿舍里，始终融不进那个圈子。

我知道我是自作自受。我和一个室友吵了一架，为了一件小事儿。刚好有个寝室的妹子提及她们宿舍还有一个空位，我便搬了过去，尽管莹莹让我别搬。我和莹莹与她们两个人关系很僵，我搬走无疑是让莹莹一个人去面对冷漠。但我表现得很忘恩负义，回想起来真的只想抽自己两巴掌。就是因为这个，我失去了莹莹。

搬到新的寝室又能怎样呢？小心翼翼地融入这个寝室，虽然她们很热情但还是感觉有明显的隔膜，我开始舍弃莹莹，每天亦步亦趋地跟着新寝室的人。

我知道莹莹很伤心，搬离时她喉咙哽哽着噙着泪的表情让我终生难忘，我们不止在空间上出现了距离，就连心里也出现了巨大隔阂。

再也没有人愿意在我没吃饭的时候关心我，为我泡一碗麻辣味的泡面，再也没有人心甘情愿地帮我收被子铺床，再也没有人可以关心我到让我厌烦，如果真的有的话，那只有家人和曾经的张莹莹。

有人说，承诺不过是日后用来打自己耳光的东西。我和张莹莹约定要去武大看樱花，而这个承诺就是在樱花纷飞的季节里，我用来抽自己耳光的东西，在周围人议论樱花如何如何漂亮的时候，我恍惚走过他们，反应过来才发现脸上已经一片冰凉。

身边一对情侣分分合合很多次，我看着女生不舍依恋又心疼，向我倾诉的时候甚至眼泪决堤，她和我说了一句话令我印象很深。她说："我们在一起经常闹矛盾冷战，我们深深爱着对方又因为对方深深难受，可是我那么爱他，都认准了他是那个人了，无论分开多少次都好，我们还是会在一起的。"

我暗暗唏嘘，想起和莹莹的友情，是不是那时候的我没意识到她有多么重要，才会在离开时毫不犹豫。等到后悔了，才发现她的身边又有了形影不离的小伙伴，我终究迟了一步。

现在的我一个人，偶尔看着她和身边的人相互打闹，我觉得结局是很美好的，好人有好报，坏人有恶报，不过如此。

想写给青春期的你们，友情比爱情更不易，爱情兜兜转转始终会认定一个人，而友情一旦融入一个朋友圈便再也照顾不了旧时的人。

请君为我倾耳听

萧 萧

亲爱的主人：

您好！

我是您右手上帅气无敌霸气外露的小拇指，冒昧给您写信，我感到很抱歉。今天，我作为我们手指家族五兄弟的代表，向您倾诉一下我们这些年来的惊险历程，我知道，您一定会很感兴趣的，对吧？

先说说我的大哥——大拇指。您还记得吗？在那么一个风和日丽、晴空万里的日子，您萌发了一个伟大的想法：下厨做饭，争取早日向贤妻良母这个行列迈进！虽然您的舍友千拦万阻，但是您仍然以不撞南墙不回头的势头拉着她们买回了许多食材。没办法，您的舍友们只好抱着当一回小白鼠的心态，甚至还早早拿出了整肠丸等家居必备良药。您带着极度鄙视，深恶痛绝的神情，抓起一根萝卜，拿起一旁的刀子，意欲模仿当年的九秒九刀，手起刀落，说时迟那时快，结果——哎哟！我的大哥，就这样光荣负伤了！身上中了深深的一刀，就不说鲜血直流的那个影响食欲的场景了。

我的二哥——食指，在您这么多年的"保护"下，虽然天灾易躲，但人祸仍然难防。话说那天，您很帅气地准备用一阳指敲门，在此，我当然不会说您白痴说您动作慢了，只是苦了我的二哥，极其有幸地和门与墙壁来了一次亲密地接触。在门的怀抱之中，墙壁也相当疼惜二哥，抢着来抚摸它，于是二哥就这样打肿脸充胖子地度过了好长一段时间，没法和水嬉戏，没法紧紧握着悲剧的纤纤细腰，没法随随便便伸伸腰踢踢腿什么的，卧病在床，包得跟个木乃伊似的，那是相当难看啊！想我二哥一生英俊潇洒，风流倜傥，竟然要这样避不见人，实在是极大的耻辱啊！

而我的三哥——中指，他的一生差点儿毁在那个乡间的小路上。那时您看中了一只小猫，急着想要向小猫献出自己的"初抱"，然而，小猫却极有骨气，不为一个怀抱而折腰，本着非美女不理的原则，再三躲避，然而您偏偏不愿接受这个事实，迎难而上，誓不罢休。于是乎，几分钟之后，小路上传出了两声惨叫——一声是匆忙逃离的小猫的，一声是眼眶中点点泪痕的您的。与此同时，我也听到了三哥的哀号，是的，我无辜的三哥，就这样，粗壮的身躯上留下了几条猫爪亲吻的印迹。值得一提的是，我之前负伤未愈的大哥和二哥，也遭到了波及，只是伤情尚浅而已。在这里，我仅为我的三哥默哀……默哀……

我的四哥——无名指，命运比三哥好一点儿。一直都处于风平浪静的状态，在那次受伤之前——被烟头烫过。我知道您会反驳说您又不是那种会抽烟的小孩儿，怎么可能会让四哥遭受如此惨痛的伤害呢？且听我慢慢道来：在那个夕阳西下的黄昏，您放学回家，兴奋不已地冲向坐在一旁的爸爸，想要来个爱的抱抱，结果，您的爸爸正巧转过身来，然后，大手一抬，碰到了您，而四哥，正好碰上了一个燃烧着的东西——爸爸手上的烟头……您那时的惨叫啊，那个凄厉，而我帅气逼人、靠脸吃饭的四哥，自此毁于一旦，羞于见人。

最后就来说说我自己吧，唉！几个哥哥比海水还咸的运气，怎么可能没有传承给我呢！我"光荣牺牲"、血溅当场、血肉模糊的往事，至今提起，仍会让我打冷战啊。我知道亲爱的主人您想当贤妻良母，那天不过是想要好好洗洗被子而已。可是不幸的是，正当您把被子扔进脱水机里面，想要把盖子盖上去时，手那么一抽，我，就那么被卡住了；您那么一扯，我，就那么"牺牲"了——好大一道口子，在往外慢慢渗

135

血，外面的皮掉了……我一直很喜欢的衣服，就这样被剥了，再也回不来了。

至此，我们五兄弟的"惊险"历程也告一段落了。亲爱的主人，我知道，善良无比的您不是有意的，历险以后，您一定会发挥聪明才智，好好地保护好我们兄弟五个，是吧！在此，请允许我代表我们五兄弟向您献上崇高的敬意。

小拇指

2012年×月×日

江南无所有，聊赠一枝春

Tout Bien

下午吃麻辣烫的时候，欣欣偷偷给我和老向拍了一张照片，并迅速上传于QQ、微信，然后来@我们。这是近来我们最喜欢玩儿的@对方。虽然，我总是大喊不要再互@啦，好丢人，或者大喊照片好丑哦，删了删了。可是，在那个时候，我的内心充满温暖和快乐。

你们乐此不疲地闹着，于是，我也开始不在乎他人的眼光跟你们一起闹，我慢慢发现那个活泼的自己逐渐回来了。你们不知道，你们带给我多少勇气和欢乐。

欣欣知道我的烂脾气，小事儿时直接无视我，遇到什么大作业大考试时，暴躁的我总爱直接黑脸发脾气，她就会顺着我宠着我，耐心教我，甚至直接帮我做作业，以至于我对她的依赖越来越严重。

下午一觉醒来，看到全宿舍一个人都没有，我就给她打电话。已经习惯了她语气冷漠地说："我在图书馆，你过来吧。"王明欣，这一点我要抱怨，你就这么对待你心灵的依靠吗？以后你失恋了，谁帮你打电话去骂那个臭男人？你喝醉了，谁去接你啊？你有喜欢的人了，跟谁倾诉啊？

你不是说不认识以前的我但永远原谅现在的我的吗？说话不算数天打雷劈啊！

黄亚妹，你知道我是爱耍性子的，所以初中时每次和你吵架，你的最后一句总是说："别老像个小孩子一样好吗？"后来你顾及我初三了，也像欣欣一样顺着我。你现在去哪儿了，我怎么感觉心的距离越来越远了呢？

老向，你是奇葩，不会拒绝人的奇葩。漂亮的四川妹子，却很少在乎形象，在我扭扭捏捏还在想这样做会不会丢人的时候，你已经开始行动了，人人喊你蓉哥，反正我也没把你当女的。

我跟你高一一年来在学校四处寻觅好吃的，每月月初取钱第一件事儿就是去吃上个月打算要去但资金不够的某寿司店或火锅店，以至于每月都必成"月光族"。

周末穿着刚买的裙子逛商场啦，踩着新买的淑女鞋出去溜达一圈啦，买一个大西瓜不顾来来往往的散步者在公园边啃西瓜边过六一啦……

那天排练回来大受打击，你真的就跟答应过我的一样一接电话就出来找我了。你那天跟我说的最多的是教我厚脸皮。好吧好吧，我会努力忘记曾经受过的伤，不再轻易害怕，自信勇敢地厚着脸皮去争取我想要的啦。

最近很喜欢一句诗——"江南无所有，聊赠一枝春"，无关爱情，无关伤春悲秋，是北魏时期陆凯写给范晔的诗。我也没有什么，那么把我的祝愿送给你们吧。

我亲爱的姐妹们，未来的日子里我们一定要越来越团结，坚定"一根筷子易折断，一捆筷子抱成团"的思想，一起变得更加美好、更加优秀、更加强大，把日子过得要多精彩就有多精彩，青春就是无所忌惮地挥霍的嘛。

还有，我永远爱你们！

时光封锁，伤成琥珀

又是地理课，地理老师笑意盈盈地问道："知道为什么这里要叫作波斯湾吗？"本来是很好的氛围，可黎锦忽然回答道："因为盛产波斯猫啊！"我下意识地接了一句："而且S·H·E曾经在那里驻扎过。"这下全班笑得更大声了，甚至有人小声哼起S·H·E唱的《波斯猫》来。我转回去看着黎锦笑得灿烂，忽然发现他的眼睛是那么明亮，嗯……像是闪着泪光的水晶。

对自己的扪心一问

黄文欣

是的，筱琳，曾经我也有过与你类似的父母和经历。因为鸡毛蒜皮的小事儿被同样对待，拖鞋、衣架、跳绳……所有家中能够找到的物件都成了伤人工具，所有双手和蜷缩无法保护到的区域都被伤害。和所有被打的孩子一样，在无数个夜晚，我把自己锁在房间里，咬牙切齿地在纸上写满谩骂的语句，眼泪砸在被笔尖划破的纸上，留下大大小小的印记，滋养着仇恨的种子在心里生根发芽。

还记得五年级的时候，因为对奥数没有兴趣，我瞒着爸妈逃了整整一个学期的课。后来被他们察觉，在爸爸的质问下，我承认了。然后他开始骂我，不停地骂。委屈渐渐涌上心头，我吼道："我就是不喜欢上奥数！就是不喜欢上！"爸爸火了，把筷子一砸，起身疾步走向厨房，身上散发出的可怕气息像是要把周围所有的事物都点燃。

妈妈的反应比我快，立刻冲进厨房抱住爸爸。我还没反应过来是怎么回事儿，直到爸爸把妈妈使劲儿一推，转过身来，我才看到了这辈子永远都无法忘记的一幕——他的手上拿着一把菜刀！被推撞到墙上的妈妈顾不上自己的疼痛，又跑过去拦住他，冲已经愣住了的我尖叫："快跑啊！出去！"

我手脚笨拙地打开房门，沿着楼梯就往楼上跑。心跳很快，一切都太戏剧化了，简直令人无法相信这会是真的。在楼道里待了好一会儿，我听见妈妈竭力掩饰情绪的声音，沙哑而又担忧："欣欣？欣欣？回来吧，没事儿了，欣欣！"她拖鞋踢踏在地上的响动，却让我落荒而逃。我不想见到她！不想见到他！不想再回这个家！若我生来只是为他们赢得面子的工具，我宁愿自己没有存在过。我转身往更高处跑去。

在楼顶，待在最常待的角落里，我抱着膝盖看着足以把我所有恐惧都吞噬掉的黑夜，没有其他情绪，只剩下绝望。在妈妈找到楼顶前，我从另一个出口下了楼，并决定再也不要回头。

走出小区，穿过马路。众人的目光令我无所适从，于是我开始奔跑。粗糙的地面，硌脚的石子，两侧的商店和路过的行人都不再清晰，像纸糊的世界蘸了水，也不知是因为视野被泪水模糊了还是绝望的速度太快……

最后，我是以一副无比狼狈的形象站在了死党面前：黑乎乎的脚，乱糟糟的发，还有被眼泪鼻涕抹得一塌糊涂的小花脸。我喘着粗气，一句话也说不出来，直到死党扶着我进了屋，我才哇的一声哭了出来："我爸要杀我！"

十一岁的我，此时此刻的恐惧，是真实的。筱琳，你一定也是这种感受，我的痛苦，我的不解，我的失望，化成无数细小的分子，穿梭时空，五年之后在你的身上重演了。

死党的妈妈义愤填膺，马上给班主任老师打了电话，老师又通知了我妈妈。再见到妈妈，感觉好像是过了很久很久，眼前的人如此陌生。我倔强地偏过头去不愿看她，咬紧牙关不让眼泪掉下来。死党的妈妈和她说了很多话，我没有听她们讲话，只是一直在想回到家里又会是怎样的光景，为什么她要把我带回地狱，回到那里，或许再也没有明天……

可是，家里很安静。

仿佛从来没有过这样一个暴躁的男人，从来没有过一个柔弱却坚定的女人，更没有过一个害怕得离家出走的女儿。

很安静，很安静。

我拖着无力的身躯，把头埋在软软的枕头里，在妈妈轻柔的安慰下，缓缓睡去。

后来，爸爸去做了手术。原来他是甲亢患者，很多时候没有办法控制自己的脾气。买了花去看他，病床上的他还很虚弱，勉强对我笑笑，像是被拔掉了尖牙的大灰狼，转身一变成为温顺的小绵羊。我看着他，情不自禁地也笑了，那封班主任写给他的信，在走出病房的同时，被我撕碎，扔进了垃圾桶。

我们度过了难得和平的一个星期，硝烟不再。

我以为这会是我故事的结尾。但仅仅是一个星期而已，他痊愈之后，一切又回到了原来的样子。该打的打，该骂的骂，在高压政策下，我的成绩从全班第一掉到了第二十，彼此间的矛盾和隔阂不断加深。我不再整天想着如何去死，而是考虑着怎样活着离开这个家。

为他们而死，替他们去承担他们的罪孽，不值得！我要活着，还要很好地活着，结婚、生子，让他们看看我是怎样教育自己的孩子的。唯有这样，才足以让他们羞愧，后悔！

然而，现实并没有让我等那么久，我也没有自己想象中那么坚强。初一下学期，长期堆积起来的负能量终于爆发，我出现了类似抑郁症的症状——在厕所里割腕。好在被老师发现了。

这就像是一颗巨雷炸在他们的头顶。我还记得，休学在家的第二天，妈妈犹犹豫豫地坐在了我旁边。我目不转睛地继续玩游戏，看也没看她一眼。

"欣欣，妈妈带你去见个人好不好？"

"不去。我没病。"有病的是那个男人，从来都不是我。

身旁没了声音，又或者是我刻意屏蔽了，满脑子都只是游戏的背景音乐。

再听到她的声音时却让我沉默了。妈妈哭了。

她说，为什么你会变成这样？

她说，是不是因为我们老是因成绩骂你？是不是因为爸爸总打你?

她说，宝贝，我们对不起你！

我的心像一块冷酷无情的石头，却滴着殷红的血。她是那样的无辜，这原本和她没有任何关系，打我的人不是她，却痛在她的心上。为了保护我，她不知被狂躁的丈夫误伤过多少回。她才是这场战争中最大的受害者。

所以我决定原谅他。为了她。

去看精神科医生时，我不经意间一扭头，看到外面的父母，看到爸爸正紧张地搓着双手。我突然就记起小时候的欢声笑语，爸爸抱着我转圈，花裙子在空中扬起好看的弧度，我笑靥如花……

筱琳，你老实告诉我，你对他们的回忆真的如此不堪吗？除了打骂，真的再也没有其他？

爸爸不再骂我打我，他们小心翼翼地待我，生怕我精神上再出什么问题。而我，随着年龄的增长和阅历的丰富，脾气像拼命吸水的海绵迅速膨胀，开始反过来鄙视他们。我吹毛求疵、尖酸刻薄、冷嘲热讽，认为他们什么都不懂，迂腐、老土、跟不上潮流。像是为了补偿小时候所受的伤害，我狠狠地伤害着他们不再年轻的心。

筱琳离开了，给这个世界留下一个大大的疑问。而接下来，对于我的没有结束的故事，虽不知道会不会也步筱琳的后尘，但她的结局无疑也给我抛出了一个大大的问号：为什么不能宽恕？

我渐渐开始明白父母说的和做的对于我有多么重要——最好的学校，最多的资源，他们给了我他们所能给的最好的一切，让我一直站在优秀者的队列中。可以说，我现在所获得的没有哪一样是与他们无关的。没有他们，我甚至都不会存在，更别说还能写下这些厌恶他们的文字了。

筱琳，要是你选择活下来，等你再长大一点儿，也许会理解你的父母。他们不是神，他们当爸当妈，也需要有从幼稚到成熟的过程。你为什么不等一等他们？等他们改正自己的错误，让时间治愈伤害？

时光封锁，伤成琥珀

想对有狼爸虎妈的孩子提个建议：试着忘记他们的坏，试着回忆他们的好。多一点儿宽恕和原谅，你会感到他们成熟的过程像一阵狂风扫过你躁动的青春。

复仇者一号

角风子

"雕栏玉砌应犹在，只是朱颜改。"

这便是驰兵在我的毕业册上留下的全部内容。惯用的"驰式"风格，孤傲中夹杂着一丝"脑残"，俨然让我断定他嘴巴上长的是两块猪皮。

我已经忘了是什么风把驰兵这粒老鼠屎顺利地吹进了我生活的白米粥里。总之初二的时候，他鬼变似的，突然就出现在班上，并且厚脸皮地占据了我前排的位置。

一开始，因为驰兵长着一张大众脸，我并没有多大兴趣去搞清楚他到底是何方神圣，我们也就井水不犯河水地保持着距离。然而天有不测风云，很快，我们结梁子了。

那是某天课间，风和日丽的好天气，我却在揪心地思考着该拿什么来拯救自己快要被淹死的化学。驰兵突然打断我，他小心地用笔敲了敲我的桌子，我便很给面子地抬头看他。

于是乎，我见证了惊人的一幕。

驰兵利索地从他那鼓鼓的大嘴巴里揪出两根被舔到只剩了一半的棒棒糖，又在上面粘上从黑板擦上剥削来的粉笔灰，最后打了胜仗似的将棒棒糖插在课桌洞上。整个过程一气呵成。末了，驰兵还不忘扔给我一个恺撒式坚定自信的眼神。

要命的是，接下来的几节课，我光洁的小脸蛋不幸地"享受"了随风飘来的棒棒糖上的裹着驰兵哈喇子的粉笔灰。

最后，我终于忍不住问他："您真的是男生吗？您的IQ和EQ真的都正常吗？"

驰兵这厮也不是什么善茬，他麻利地甩给我一对白眼，带着一副万般嫌弃的表情，大步流星地闪出教室。

好在那时我们都很健忘，很快就相安无事了。之后一段日子，偶尔一起讨论习题，保持着友好的关系，过得风轻云淡。

但狂风暴雨最终还是来临了。初三的时候，驰兵偷看了我安放在桌肚里的日记，窥视了我近十年来的全部秘密。

事实上，日记是带锁的，但巧得很，我们有着一模一样的日记本。

"日记"事件最终触犯了我的容忍底线，我开始狠狠地讨厌驰兵。

我们成了不折不扣的公开仇敌。

那年冬天，我怀着"顺我者昌，逆我者亡"的决绝之心，花了整整一个礼拜的时间，翔实地罗列了大大小小上百个报复驰兵的方案。并美其名曰："复仇者一号"，然后便是轰轰烈烈的实践了。

我几乎用尽了一切力所能及的方式去讨厌一个人。暗地里咒他，不断讲他的坏话，弄坏他上学必用的自行车，在他的夹心饼干里涂上牙膏，给他的宠物狗喂巴豆……一切复仇的方式，粗鄙的、阴暗的、幼稚的竟那样真实地从我身边呼啸而过。一遍又一遍，塞满了我本该平静无事的生活。

年少，喧嚣。

九月，我进入了梦寐以求的高中，喜悦的阳光洒了一地。报到那天，在新生名册里，竟然看到了万恶的驰兵。晴天霹雳，复杂难言的情绪迅速灌满全身。冤家路窄，老话说得真好！偌大的校园，一文一理，竟仍然能高频率地撞见。冷眼相视，然后沉默不语。于是，我又开始到处贴"我讨厌驰兵"的标签。

　　终于，某天，在我指着驰兵的背影趾高气扬地大肆宣传着他的丑闻时，一旁的死党梨子突然止住我。她的目光温暖又坚定。

　　"风子，你不会累吗？放过自己吧！"

　　我突然就像卡住的磁带般停了下来。

　　"你不会累吗？"我安静下来，一整天都在思索着梨子的话。

　　不，我很累。真的，很累很累。累到我恐怕再也没有力气去讨厌第二个人了。

　　十五岁的夏天，我曾经深深地讨厌一个人。那样用力，那样疯狂，以至于在不知不觉中，自己失去了那么多，时间、精力、快乐……

　　十六岁的秋天。我终究擦去了脑海里关于驰兵的全部记忆。

时光封锁，伤成琥珀

我们只是陌生成从未遇见的模样

蓝朋友

2011年，我们在同一个班级。你从深圳那个大城市转学过来的时候正是一年中最热的季节。

开学两个星期，我们一句话都没说过。你是个安静的姑娘，在学校从来不和任何人在一起，而我早已和班里的一群人打开了。

第三个星期我莫名其妙地想要写封信给你。后来的两个礼拜我们还是没有说过一句话，尽管位置离得不远。我们从信纸上的只言片语，到偶尔说说话。

都说女孩子和女孩子的感情很可爱，要好的姑娘们一定会牵着手一起去厕所。我们也不例外。从说话间的小心翼翼，到彼此可以互相开玩笑，打闹成一团。再后来我们熟悉到一个眼神就能知道对方在想什么。

还记得我们逃课去买糖葫芦，然后吃到满嘴红色，你指着我的嘴说，啊啊啊，吸血鬼。

"光棍节"的时候，我们一起把资料改成"找个人跟我一起把光棍节过成情人节"。老师问我们为什么要请假，我们都说生理期，然后跑开了。我一个人在那边郁闷，你也没好到哪里去。

有一天你很正经地告诉我，你会保护我的。那天天气很好，我们逃课去学校的足球场边，因为在上课，所以人很少。我们背靠背坐着，书上说，背靠背好姐妹。每次我们在一起，我都会矫情地和你这样靠着。那天你这样说，我真的是感动到不知所措，尽管现在也是一样。

你是短头发，我第一次陪你去逛街的时候，你买了一个假发接在你的短发下面，那是我第一次看到你长发的样子，很好看。你开玩笑说让我也去把头发剪短了，再买个假发，我们就成了姐妹头。然后我就真的去剪了，即使现在我还是没有后悔。

有次放假你不想回家，叫我陪你去网吧通宵。我硬着头皮答应了。我知道，那一夜我家人都在找我，我知道他们会很着急，可我还是没跟你说不。第二天回家，我如实交代我去网吧通宵，但我没说是为了陪你去的。爸爸打了我，那是生平他第一次打我，很疼。可是上学的时候你问我手怎么了，我说摔的。现在我还是很自责让爸妈操心，可我还是不后悔陪你。

那天放学不知怎么的就下起了大雨，你自行车钥匙丢了，没办法只好把车子放学校里了。你平时很少说话，认识的好像也只有我。我说我送你回宿舍吧，然后我载着你，冲进了雨里。尽管是夏天，这样的雨也足够让我打寒战了。路上你说，一回到宿舍就拿把伞给我。我说好。可是到你宿舍楼下的时候，你却让我先回去，然后我转身又冲进了雨里。我家离你宿舍有点儿远，回家的时候天黑了，全身也被淋湿了，我发烧了一场。可我还是没有后悔。

这样回忆起来，似乎都是我在付出，可我从来不后悔，因为你说你会保护我。直到现在，我从未后悔过。

纵然你有一百个不好，我也不愿意和你当陌生人。但是，当你说我们还是当陌生人吧，我说好。

那天你突然问我情人间的分开叫分手，那我们叫什么？我假装不懂，说宇多田光的*First Love*很好听。然后你说，我们还是当陌生人吧。

我僵在了电脑前，不知道该怎么办。可我还是没有挽留，因为你说的话我都听，包括这一句。我没哭，可是你还说让我滚出你的世界。

149

时光封锁·伤成琥珀

滚。

我哭了。

我惊慌失措地回了句,我知道了,我会滚。

我还是这么听话。

此后的生活没有太多的改变,我还是那个开朗的我,只是偶尔多了份迷茫。你还是不爱说话的你,可你似乎开朗了不少。我们默契到连一个微笑都不肯给对方了。

我还好,没有太难过。

疼

绿木笑额

1

课堂上，田七转过头，英语书遮住她高高挽起的头发。她呵着气低声说："北雪，下节是体育课。"

无奈地把目光从英语书下的小说上抽离，迅速扫了一眼桌子上贴着的课程表，没错，下节是体育课。田七转回去拉着衣帽不知道在桌上写着什么。讲台上的英语老师埋头写案例本，最前排的学习委员在不停写着什么；第二排的美玲在翻数学习题集，手边还放着计算器；第三排的雪儿在看手机，左边耳际挂着黑色的耳麦；第四排的苏直直盯着墙上的那个有些老旧的时钟；第五排的我在收拾小说集，再一回头，后桌的伟琳在画画，蜡笔掉在了我的椅子旁边。我微叹了一声……然后，下课的铃声响起。

北雪，快点儿。田七拿起她的手机拉着我往外冲。手里的小说集瞬间掉在地上、椅子上。英语老师咳了一声，背着手走出了教室。我挣脱田七的手，弯下腰来捡掉在地上的书。

我说田七，还有九分二十五秒，你急什么？田七把头发拆开，两只手理了理发丝，不说话。嘴角倔倔地扬起。

北雪，我桌子底下还有一本你的书。伟琳好心地提醒我。于是我转过身弯下腰捡书，顺便捡起了掉在地上的蜡笔。随即若无其事地拉着田七从前门走出教室。在门口还照了一下玻璃，头上的水晶发卡闪亮亮地把人显得没有那么苍白。田七在身后跟跄地跟上，嚷嚷着北雪等等我。

楼梯拐角我稍微停顿了一下，走廊那头的后门传来了张画尖细的声音，为什么偏偏是她？在一旁的田七推开我就要冲过去。我用尽力气拉住她，摇摇头劝她别做幼稚的事。然后没有犹豫地拉着田七走下楼梯。

2

体育课。田七坐我旁边塞着耳机听着歌。偶尔跟着哼唱几句。突然她示意我看操场不远处。

我以为张画不会上这节课。出乎意料地她来了，眼睛微红，睫毛边有些湿意。我躲着她直射过来的眼光，漫不经心地拿下田七的一个耳机。田七看了看我，又看了看那群以张画为中心的女生讲着什么。人群里不时发出不以为然的笑声。那笑声直达我心底，蓦然升起些厌恶。

田七突然大声嚷嚷像是故意要让人听清楚似的说："北雪，你说你在年底晚会上唱什么歌，你决定了没有？"我霎时想起了张画刚刚尖细的声音，为什么偏偏是她？是的，为什么是我，我想走到她的面前也去问问那个笨蛋。

体育老师吹起了集合的哨子。我起身，拍拍裤子上的灰尘，从张画面前走过，不到半米的距离我可以看到她发上的头皮屑。她用鄙夷的眼神看着我昂首走过，如以往的漠然。

晚课时。张画把我叫出去的时候我还是愣住了，一瞬间的空白。"北雪，你凭什么呢？"她把头微低下整个人靠近我。我说："张画，你的头皮屑还是那么多。"这种场合我仍无动于衷且漫不经心。虽然张画说的话狠狠地刺伤了我某个地方。"北雪，你听清楚了，有本事你就给我唱得漂亮些，不要总给我这副淡漠无所谓的表情。"她说了个总字，让我发火了。于是一巴掌挥了过去，然后扬长而去。暗夜的身后，隐隐传来抽泣声。哼，我就是要给你看看，我北雪也不总是淡漠的。你那么喜欢站在舞台上现在就让给你。不，不是让，是还回给你。

我想任谁也想不到张画和另一个女生在讲台上轮流比拼到白热化只为争夺一个晚会上表演的名额。最终张画胜出时，却被我这个不相关的平时被人彻底漠视的一棵小草以台风过境之势包揽所有荣耀。我被台下旁边激动的田七不小心推了出去。然后很戏剧性的大家以为又有一个人要挑战了，起哄地叫嚣着。我还没缓过神来，人已经站在讲台上。讲台下担当评委的音乐老师茫然地看着这个额上有几粒雀斑，穿着打扮怪异的女孩儿。似乎在她教的学生里搜索不出对我的印象。她不知道我在音乐课上的测试得过最高分。一旁的班主任皱了皱眉头。或许在懊恼我的自不量力吧。我抿了抿嘴巴，双手握拳愤恨地说："不知是哪个笨蛋不小心把我推了出来。"说着，视线瞪向田七。她惊恐万分地双手合十表示抱歉。不过既然站在了这里，我也不能免俗地来一首歌曲。最后连我也不知道为什么好学生加才女张画被我打败了。我一直都挺有自知之明的，其实应该是我拣了个便宜。

153

3

第二天，我发烧了。这并不是意外。意外的是班主任这么迅速地批评我，说给我记过。我头重脚轻地看了看他说："哦，如果我弃权是不是就不用记过了？"还没等他反应过来，我就走出了办公室。手是冰的，很冷。

高烧不退。妈妈来接我的时候，我的脸苍白无比，浑身无力。然后我被送进了医院。

手术台上，我安静地躺着，清晰地听到手术刀交接的声音。我没有哭，只是有些难过，也有一点儿释然。人都是这样子，在清醒里，无能为力地目睹自己的受伤过程。我知道，身体里有一个坏东西在作怪，必须把它切去才能健康。之前一直没有勇气，现在不得不面对，我不应该有什么怕的。

手术完了。妈妈喂我喝鸡汤。我说："妈妈，不用担心了。你看以后都会没事儿了，动了手术就会好的。"妈妈眼睛红红地说："嗯，这一次会好起来的，你会好好的。"我静静地听着她坚定地说着，眼泪没有感觉地流，我终于知道，自己也会一直哭。

4

2011年年末。我的病基本痊愈了。田七打电话来问好。我说："姐我又重生了。"电话那边的田七嘤嘤地哭。直说我这小孩儿怎么这么狠心，让人心疼。眼眶微热地怔了怔，原来还是有人记挂我的。我说："你哭什么呢？我身上多了条疤又不是你砍的。"她哭得更大声了。良久，我说："田七我的疤在胸口下一点儿，正面是看不到的。"然后就轻轻挂了电话。几乎是下一秒，电话又响了起来。我迟疑了一下，拿起。"田七，电话费多呀，你？"

"北雪，我是张画。"

"哦？"

张画啰唆了一大堆。我从来不知道她那么优秀的一个女孩儿也是话多的人。但我记住了一句，她说："对不起，我不知道你生病了还那样说话激你。"我说："没事儿，你唱得比我好听，那就这样吧。"疤痕还是有些疼，我摸着它，眼泪不止。我想我是不是把这几年的泪都一次性流完了。

妈妈说："北雪，下雪了。"迟来的雪终于落下了，挺大的。我抬起头，雪花就落在了窗上，稍作停留又被风吹走。

一场迟来的雪，一场久违的持久的雪。我站在窗内，看着窗外的飞雪。雪终于慢慢覆盖了一切，看着它们铺满窗格，铺满红色屋顶。我的眼前浮现出那一年过往。田七傻呵呵的笑容，张画说我不是淑女也不张扬，只是眼神凛冽、一副安静生活的臭臭表情，她是了解我的，却不知我更无所谓。

我记得一句话：雪会覆盖这世上一切的罪恶。我想它也会覆盖掉忧伤吧，那些青春里无可避免的忧伤与疼痛。

时光封锁，伤成琥珀

原来我不是你想要的明天

草帽儿先生

熊猫觉得她的自尊心被陈冬即伤害了。

虽然自我催眠陈冬即只是单纯地想帮自己提高英语成绩，但是讲解题目时他那些不耐烦的情绪以及嫌弃的言语还是把熊猫的自尊心扎成了马蜂窝。

熊猫不是喜欢发脾气的人，通常会默默地把不好的情绪埋在心里。但就像塑料需要时间才能降解一样，那些还未被时光荡涤干净的怨气很轻易地就会被挖掘出来。就像这次，有点儿新账旧账一起算的感觉。真正让熊猫连饭都吃不下的，不过是长久以来陈冬即对她的不在乎。

熊猫真的成了熊猫，半夜两点多才睡，早上五点半就醒来，黑眼圈不依不饶地挂在脸上。熊猫觉得，他们这次也许是真的走到了终点。

她原本想：等一个月吧，一个月里陈冬即如果没来找她，她就放手，再不见他。后来又改变主意，还是等七天吧，七天后他不来找她就换她去找他，摊牌然后一拍两散。

事实上，熊猫对此几乎不抱希望，一年来，在自己不断死缠烂打之下陈冬即来找自己的次数都是屈指可数的，更何况现在呢？只不过最后还是想见他一面而已。

第 一 天

下午一点三十分陈冬即的QQ头像亮着。陈冬即上QQ从来都是在线状态，头像亮堂堂地和他本人一样骄傲得不行。熊猫纠结了一会儿，真的就是那么一小会儿，节操和矜持什么的就被莫名打死了。

可是熊猫明知故问发的"在吗？"却似泥牛入海，没有得到任何回应。接着，她耗费许多时间折腾的情侣网名和个性签名都被换掉，那个亮着的头像也随之暗淡下去。

不知应该说熊猫太理智呢，还是应该说她抱有太多侥幸心理，宁肯为陈冬即找借口。她去问陈冬即的死党，下午是否登了他的QQ，回复是：没有。

陈冬即的死党或许察觉到了一丝不对劲，于是打电话向陈冬即求证，最后给出的解释是：QQ被盗了。熊猫还顺带知道了陈冬即正一个人在学校操场上跑圈。

呵，盗人QQ然后改人网名？那个盗QQ的人是有病吗？

呵，他宁愿一个人在操场上跑圈也不肯来找她吗？可是她有什么错？

她连一句责问都没有说出口。

熊猫说，也许过不了多久，她也会不相信爱情。但在这七天里，哪怕是陈冬即轻浅的一句"对不起"，也会让她三步并作两步冲上前去。

第 二 天

熊猫买了三个钥匙扣。一个给闺密一个给自己，还有一个，是买给陈冬即的。熊猫忍不住掐了自己一把，贱啊！

班群忽然讨论起熊猫和陈冬即不和谐的网名。熊猫放在键盘上的手指有些发凉，最后打了一连串的"哈哈哈哈哈"扯开话题。

熊猫想起以前看过的一段话，爱情必须建立在平等的基础上，否则，不是一方被骄傲摧毁就是另一方被自卑压倒。可是爱情，不是应该容纳那些差异，不管多么不合适都愿意牵手一起走的吗？

熊猫有些头痛，又想起两天前陈冬即所谓的英语补习，捞过布娃娃抱在怀里，看样子又要失眠了。

等的时间越久，越绝望呢。

第 三 天

陈冬即还是没有来。

放弃一个喜欢很久的人是什么感觉呢？就好像每天打算起床却发现是半夜，就好像喜欢吃辣辣的东西却也能掉眼泪，就好像你的生命里路过了好多人却只记得他。熊猫开始觉得，应该试着放下。

熊猫遇见她和陈冬即以前的同班同学，明明是挺熟识的人，却一直以为她和陈冬即不过是普通朋友。所以呢，他们果然不像在谈恋爱吗？

熊猫颓丧地闭上眼睛，旁观者清当局者迷，自欺欺人什么的真是弱爆了。

第 四 天

梦魇。

熊猫梦见她拜托了很多人，拜托了很多次才把陈冬即叫了出来，然后梦境影影绰绰，熊猫只记得陈冬即在梦里跟她说了分手，她大哭大闹他也没回头。醒来后熊猫眼角微湿，抱着布娃娃望着天花板呆怔了好久。

日有所思夜有所梦吗?

林洛施说:"我最怕看到的,不是两个相爱的人互相伤害,而是两个爱了很久的人突然分开了,像陌生人一样擦肩而过。我受不了那种残忍的过程,因为我不能明白当初植入骨血的亲密,怎么会变为日后两两相忘的冷漠。"

熊猫也怕。

第 五 天

七天时间已近尾声,熊猫的心态越来越不安稳,偶尔在空间发的说说都极其沉重,招来许多慰问。

熊猫生平第一次无故把气撒在他人身上——尤其是那个平日交集甚少的男生。吃饱了撑的多嘴多舌多管闲事啊。那个男生被熊猫劈头盖脸的一通指责吓到,熊猫才勉强耐下性子来问他想说什么。

"你忘了沸水也会冷却吗?"

莫名地被这句话戳中泪点,这根本就不是安慰嘛,更像是在提醒她面对现实啊。教她认清,她的难过连毫不相干的人都看出来了,唯独陈冬即不知晓。其实没有那么多原因,只是因为他不上心。

不上心。仅此一条,熊猫做的所有便只是朝着空气发声,回应的只有空洞的风。

第 六 天

她没有等到第七天就去找了陈冬即,穿着新买的白T恤和蓝牛仔裤,至少要雄赳赳气昂昂冷艳高贵地离场吧,至少要有个完整的谢幕吧。

熊猫那些准备质问的话在陈冬即面前忽然都说不出口了，陈冬即也没有打算听她结结巴巴地组织语言，自顾自地埋头解物理题。熊猫难得胡搅蛮缠一回，拽过陈冬即的物理书藏在身后。陈冬即又拿起其他书本，熊猫悉数拽了过来，只是希望他认认真真地听一次自己讲话。

陈冬即转身又插上耳机听起了MP3。

毋论其他，这种行为本身就是一件极为失礼的事，缺少了最基本的尊重。是太厌恶她的声音了吧，所以哪怕再失礼也不想听。熊猫最后什么都没说就离开了，她不知道还有什么是能说的。

多年少把臂同游，少迟暮携手白头。在一起的三百六十五个日日夜夜像气泡一样在空气中一个个碎裂，爆出轻微而绝望的声响。

第 七 天

熊猫说，没有第七天了。

从今天起，每天都会是新的一天。

恍若雪霁初晴，恍若创世之初。

岁月怎敌你笑靥无瑕

浣纱栖月

高考最后一科结束的钟声敲响，所有的考生欢呼着奔出考场。几个哥们儿鬼哭狼嚎地拥过来，兴奋地敲了几下我的后脑勺。我加入他们的狂欢，眼神却落在不远处的女生堆里。我隔着人海远远地看见了你。

那一刹那所有人的面孔都变得模糊，所有人的声音都被调成静音。你微笑的侧脸在我瞳孔里刻成画。

突然想起某天宿舍一哥们儿唱的一句歌词——"岁月最是无瑕"。

可，岁月怎敌你笑靥无瑕。

晚自习的铃声早在二十分钟前敲响。这是高一最后一个晚上，明天我们就可以拖着行李高高兴兴地回家去了。由于下个学期文理分班，班主任批准我们班搞个晚会。

我和兄弟们一步三晃地来到教室，教室里头传出吉他声和一个女孩儿的声音。我下意识地朝窗户望望，你穿着一件红色的T恤坐在椅子上，抱着吉他，有点儿肉肉的脸上挂着笑，唇齿闭合间发出好听的声音：

"小学篱笆旁的蒲公英，是记忆里最美的风景……"

恍神间我走到了后排的座位。我旁边一哥们儿啧啧惋惜起来：

161

时光封锁，伤成琥珀

"啊啊，这个学期我居然错过了这么好的一个妹子！早知道她唱歌那么好听，哥哥我就追了！"我听罢狠狠敲了一下他的后脑勺："要追也是我先追！"

我乐呵呵地看着一旁摸着后脑勺骂骂咧咧的哥们儿，继而看向教室中央抱着吉他的你，你还是那样浅浅地笑着，清澈明亮的眼里似乎藏着千年的莲花，轻轻一动便会溢出阵阵芬芳。

我以为高一散场我们就各自奔向海角天涯，从此再无交集，可当我背着大大的包走进这个"文科生属地"时，我看见了你。

你恰巧要出教室。你没戴眼镜，走到我身边时眯了眯眼，认出我是上个学期的同班同学，继而嘴角上扬，露出一口小白牙。"嘿！是你啊！好巧啊又在一个班！"

你信不信？从那时起，我有点儿相信缘分这东西了。

第二天老师排了座位，你坐在我前桌，我每次抬头看黑板都可以看见你的背影。

有个星期你眼镜落在家里忘带了，上课看黑板都很吃力，那天下课我正准备趴下，结果你用笔敲了敲我的桌面。"哎！上课笔记借我抄一下。"我丢过一本书给你，刚睡下没几分钟，你憋着笑把书还给我，说："大哥你的字太狂野了我实在不敢看！"我满眼睡意地看着你，你笑着把书翻到某页，上面密密麻麻地爬满了我的笔迹，你指着这一页强忍着笑，"这，这一页真的让我想起一个成语！"我歪了歪脑袋，示意你说下去。"群魔乱舞。"两秒后周围的同学也扑哧笑出了声。我假装生气地冲你做了个鬼脸，怪里怪气地说："我就是魔王怎么地，你咬我啊！"

我在你咯咯的笑声中又趴了下去，你没有看见我悄悄上扬的嘴角。

你不知道从那以后我开始练字，那个学期期末我已经能写一手漂亮的行楷了。

从那时起我就多了一个"魔王"的绰号，而你就成了我旗下的"小鬼"。几乎每一天在教室里都会上演这样一幕："小鬼帮魔王大人捡一下橡皮！""小鬼帮我把书拿过来！""哎呀，小鬼啊，魔王大人累了，你去帮我打杯水好不好？"迎接我的永远是一张骄傲的脸和一句经典的"滚出！"

我挠挠头笑笑，随即起身拿起自己的水杯，在经过你座位时，趁你不注意"唰"地把你的水杯提起来。每次都惹得周围的同学连连起哄，我若无其事地走向饮水机，然后听到身后传来你的声音："你把我的杯子还给我啊！喂！哎呀，你们不要瞎起哄啊！我们只是很好的哥们儿，真的！"

我听着哗哗的水声呵呵地笑，也不知高兴些什么。

每次打好水把水杯放回你桌面，你都会一脸不开心地望着我。"下次不准拿我水杯！听到没有？"我嗯嗯哈哈，点头算是回答你，你嘟嘟嘴，把头埋进手臂里小睡不再理我。

可是还是会有下次，下次同学们还是会起哄，下次你还是会说："我们只是朋友不要瞎起哄……都说了不准拿我水杯！"但下次我还是会一手捧一个水杯去打水，然后趁饮水机流水的时候，把两个杯子放得近一点儿，再近一点儿。

分文理科以后，你的成绩一直是班上前五，照这样下去，高三你一定可以进重点班，而我这种中下等生，估计只有在原地打转的份儿。

不知在哪里看过这样一句话：爱的开始就是你开始因你爱的人而努力。

或许我没有办法在短短一个学期里赶上你，但我也不至于离你那么远。

那段时间我经常把一本练习本拍在你脑袋上，你不爽地回过头来问句："干吗啊，你？"然后我用笔指着一道题，冲你挑一下眉，"喏，教我。""又来啊！"你无奈地笑笑，"魔王大人你喝错血了吧？""我没跟你闹我很严肃的！"我把转着的笔放下，以表明我的认真态度，你哈哈地点头，随即收起笑脸，推了推大黑框眼镜，算是进入"学霸模式"。你解析得很认真。我却突然想到一句话"女生认真时最好看"，于是目光从题目上转移到你脸上，很快你就发现了我的不专心，你狠狠用笔敲了一下我的脑袋，瞪着我："看题目啊，看我干吗啊？我脸上写有解题思路吗？"我见状赶紧求饶："啊，本王知错！劳烦小鬼再讲一次，本王一定认真听讲绝不分心！"你听着我阴阳怪气的语调又笑开了："这次认真听！不然我不讲了！"

事实证明，努力还是会有收获的，那个月月考我英语进步了二十多分。王老师惊呆了，问了我好几次因为什么开始认真学英语，又怎样在那么短的时间内提高英语成绩之类的问题，他甚至想把我拉上讲台让我给大伙讲讲我的"成功经验"。

其实我也没想到一直被我视为比鸟语更难懂的英语会有提高，我只记得我问你的第一道英语单项选择题中有着这样一个短语——Because of you!

高三，你不出意料地进了重点班，而我却还留在原来的班级。那天在食堂打饭时遇见你，闲聊之中，你说你想考浙大，我当然知道浙大，那所风景美到爆分数线高到离谱的大学。你问我想考哪所大学，我很清楚浙大与我的距离，可我还是给出了和你一样的答案。你激动地握了握我的手："这才是我的好哥们儿！为了庆祝我们的目标一致，好哥们儿你理应请我吃鸡腿！"我一脸郁闷地望着你那张笑得明媚灿烂人畜无害的脸，无奈地转头往窗口方向走，两秒后耳边传来你兴奋的叫喊："要加番茄酱！番茄酱！耶！"结果排在我前面的一哥们儿回过头来冲我笑笑："你女朋友真可爱啊。"我愣了半秒，朝他耸了耸肩。

这时学校广播换成了一首熟悉的旋律："小学篱笆旁的蒲公英，是记忆里最美的风景……我已经分不清，你是友情还是错过的爱情。"

我听着恍了神儿，其实我也早已分不清，与你是友情还是错过的爱情。

高考结束，青春散场。

我把我高中三年待过的班级的合影都用相框裱起来。有一天老姐进我房间喊我下楼，我当时正坐在床上看高二时的班级合影，我指着上面剪刀手笑得一脸灿烂的你对老姐说："姐，告诉你一个秘密，这个就是我喜欢了三年的女孩儿。"老姐一脸八卦地凑过来看："这个吗？很普通啊，圆脸，平刘海儿，还近视戴着大黑框眼镜，这样的女孩儿街上一抓一大把。""可那些都不是她，我就是喜欢她。"或许是听我的声音有些哽咽，一向聒噪的老姐安静了下来。她沉默了许久，拍了拍我的肩，坐下来跟我说了很多，关于她的高中，关于她曾喜欢过的少年。

我记得那天她说："每个人的青春里，都会有一个特别的存在。"

我想，你或许就是我纷繁青春里那个特别的存在吧。

那天刷微博，看到你的更新："高中三年你觉得最美好的事情是什么？"下面有一堆人的评论，长短不一，但都是些很温暖的事儿。

我点开评论，打上字，却始终没有按下确认键。

其实我打的也就是很简单的三个字：遇见你。

轰轰烈烈的开学季，你如愿奔赴浙大，我一个人拖上笨重的行李去了北方的一所大学。我没有考上浙大，毕竟以我的能力考浙大还是有点儿不切实际。

现在我坐在大学里，偶尔也会想起高中，想起你。

很多时候看着熙熙攘攘的人群，我还会想起高考结束的那天下午，我隔着人海看远处的你，你挂着灿烂的笑靥，明媚生花，比岁月更无瑕。

阳光下的星星

青果先森

辛夷坞的《致青春》是和你一起看的。彼时，我们把书放在两张书桌的中间，用一本课本随意地压着，两个脑袋凑在一起讨论如果拍成电影，玉面小飞龙是要由眼睛又大又漂亮的赵薇来演好，还是青春活泼的郑爽更棒。

你吁了一口气，像一位德高望重的大师在发表自己独到的见解："中国有两个好姑娘，沈佳宜温婉有仪，郑微活泼大方。"我来了劲儿，让你评论下坐你旁边的这位好姑娘。你一脸正经的样子像极了春晚上穿着裙子的小沈阳，你说："咱不说姑娘这两个字，说这两个字是欺负你，单是那个'好'，它跟你很熟吗？"

你高八度的叫声成功地让老妖婆把我们扔出去"晒月亮"。走廊上我们两个大眼儿瞪小眼儿。你的胳膊已经紫了，我的书还是新的。

那天晚上的月亮，又大又圆，为我们披上一层银色的柔软的外套。我突然想起，郑微和陈孝正第一次接吻的那天，月亮似乎也是这样清冷而明亮。我问："你会一直记得今晚的月亮吗？"

你抬起头定定地望着天空好久，仿佛要把整个苍穹烙入眼底。你说："我会的。"

就在那样柔和而明亮的月光下，我突然明白了郑微想要一夜之间白发成霜、尘埃落定的心情。

因为我好想，和你一起看每一个夜晚的月亮。

分班的那天，你忙着欢迎新同学，没空送我。我冷冷地看着忙得不亦乐乎的你，拒绝了前来帮忙的男生，一个人跟跟跄跄地把课桌从四楼搬到五楼。

你走你的独木桥，我唱我的夕阳调。

就是在那样的跌跌撞撞里，我告诉自己，再也不要理你。

你明明说过，就算分班了我们也是好朋友，可是转眼，你就忘了你的承诺。

你在第三天才来找我，看着我冰冷的脸色，张了张嘴却什么也没说，只把那本《致青春》递给了我。

那天你欲言又止的表情，你指尖冰凉的温度，你故作潇洒的背影，悉数落到了我心里。我知道，自此，我们只能陌路。

我在那天看完了余下的全文：陈孝正出国了；阮莞结束了七年的恋情嫁给了一个只认识七天的人；林静回来了，当初干净的男孩儿已经变成了情场老手；陈孝正看着郑微被调戏，只说"我不会放过他的"；阮莞死了；郑微和林静结了婚……

我合上书本，一大杯水一饮而尽，内心还是有很大的失落。辛夷坞说，在现实和青春的夹缝里，青春如美丽一样，脆弱如风干的纸。

我的青春还在，却遗失了青春里最美好的东西。

2013年，电影《致我们终将逝去的青春》终于上映。赵薇没有出演，却成了导演，郑爽没有出现，我们却认识了青春活力的杨子珊。

这部电影还没上映，网上、杂志上便是铺天盖地的宣传。字里行间，我零星地知道了那个叫李樯的编剧，把它改成了我很想看的模样。

最后，我终于没有忍住，和寝室的小姐妹一起默默地看着。嗯，是默默地。我从来没有这样安静地看过一部电影，那些画面，那些场景，仿佛一个又一个的回忆，而我赤足在沙滩上，一个个拾起。

我甚至能想到，你看到这些场面时的表情。

此时我们已经陌路成什么样子了呢？从最开始的含笑打招呼，到后来我故意用你听得到的分贝说："喏，就是那个男生，曾经说过要和我做一辈子朋友的，哈哈！"再到最后，相见不如不见。

我常常在想，当初我们的距离只在毫厘之间的时候，我们看同一本书听同一首歌的时候，会想到我们将变得这般陌生吗？

画面流动到月光下，赵又廷深情地捧着杨子珊的脸就要吻下去的时候，我终于忍不住跑到阳台给你打电话。我问你："你还记得那天晚上的月亮吗？"

你沉吟几秒："忘了。"

我不知道该庆幸你不记得，还是该悲伤你在提醒我该忘了。

原来，没有什么是不朽的！